本书得到2010年教育部人文社会科学研究项目
“我国城市化进程中新二元结构问题研究(10YJAZH118)”的基金支持

我国城市化进程中新二元结构问题研究

张健明 著

内 容 提 要

"新二元结构"是在我国城市化进程中城乡二元结构的特殊表现形式。"新二元结构"问题表现为城市户籍居民与非城市户籍居民之间的社会排斥，其根源是城市公共资源不足导致不同社会群体间的利益冲突。本书提出要协调城市户籍居民与非城市户籍居民之间利益关系，建立保持常住人口规模与城市公共资源承载力之间的动态平衡机制，逐步实现基本公共服务均等化，推动非城市户籍居民的社会融入，最终消除"新二元结构"问题。

本书读者对象为高等院校公共管理类专业师生、从事社会管理的专业工作人员以及各级政府机构中从事社会管理工作人员。

图书在版编目(CIP)数据

我国城市化进程中新二元结构问题研究 / 张健明著. —上海：上海交通大学出版社，2015

ISBN 978-7-313-13975-7

Ⅰ.①我… Ⅱ.①张… Ⅲ.①社会服务-城乡一体化-研究-中国 Ⅳ.①D669.3

中国版本图书馆 CIP 数据核字(2015) 第 245160 号

我国城市化进程中新二元结构问题研究

著　　者：张健明
出版发行：上海交通大学出版社
地　　址：上海市番禺路 951 号
邮政编码：200030
电　　话：021-64071208
出 版 人：韩建民
印　　刷：上海颛辉印刷厂
经　　销：全国新华书店
开　　本：787mm×960mm　1/16
印　　张：9.75
字　　数：162 千字
版　　次：2015 年 12 月第 1 版
印　　次：2015 年 12 月第 1 次印刷
书　　号：ISBN 978-7-313-13975-7/D
定　　价：35.00 元

前　言

本书是我主持的2010年教育部人文社会科学研究规划基金项目“我国城市化进程中新二元结构问题研究”(10YJAZH118)的研究成果。

2010年中央1号文件提出了“统筹研究农业转移人口进城落户后城乡出现的新情况、新问题”。城市“新二元结构”的出现以及由此产生的一系列社会问题是“新情况、新问题”的典型表现之一。“新二元结构”问题的形成和显性化意味着我国经济社会结构转型正面临着新挑战。回应日益显性化的“新二元结构”问题,已成为我国城市化进程中亟需破解的重大社会课题。

“新二元结构”问题是我国改革开放以来,随着城市化进程而出现的城市社会结构新变化。“新二元结构”问题是在我国工业化、城市化快速发展背景下,城乡二元结构的特殊表现形式。1978年改革开放以后,我国城乡之间、区域之间劳动力流动的限制被打破,劳动力大规模流动,尤其是农业劳动力大规模向工业部门转移,城市常住人口规模不断扩大,城市户籍人口和非城市户籍人口的比例不断攀升。由于社会因素和制度因素导致的群体性社会排斥,城市户籍居民和非城市户籍居民之间形成群体性分割,进而引发了大量的社会矛盾。

“新二元结构”问题反映了我国现行的社会政策不能适应社会结构变化。因此,需要通过社会政策调整,有效协调不同社会群体的利益关系。然而,“新二元结构”问题是一个复杂的现实社会问题,将“新二元结构”问题归结为户籍制度问题,是将复杂问题简单化了。事实上,我国城乡经济社会发展水平的差异,城市基本公共服务资源短缺的约束,才是“新二元结构”问题产生的深刻根源。因此,解决“新二元结构”问题将将是一个较长的历史过程。

当前,缓解“新二元结构”问题所引起的各种社会矛盾,消除附加在户籍制度上诸多社会福利,逐步推动基本公共服务均等化,是各级城市政府政策调整的着力点,有效控制常住人口规模、建立需求导向的公共资源供给机制、不断增加供给能力,保持常住人口规模与城市公共资源承载力之间的动态平衡,是各级政府的行动策略。

本书共分为6章，第1章，绪论，阐述了研究目的和研究框架，梳理了学界已有的相关研究成果；第2章，分析了“新二元结构”问题的由来，基本内涵及本质特征；第3章，揭示了“新二元结构”问题产生的社会机理；第4章，通过实证调研分析了“新二元结构”问题在现实中的各种表现；第5章，探讨了解决“新二元结构”问题的基本思路及路径；第6章，提出了现阶段缓解“新二元结构”问题的政策建议。

本书的特点是，提出了“新二元结构”问题的本质是城市户籍居民与非城市户籍居民之间的社会排斥，这种社会排斥表面上是户籍制度使然，但实质是城市公共资源不足导致的不同社会群体的利益冲突。因此，有效协调城市户籍居民与非城市户籍居民之间利益关系，是解决“新二元结构”问题基本立足点。本书提出了建立保持常住人口规模与城市公共资源承载力之间的动态平衡机制，通过逐步缓解“新二元结构”问题，渐进式地推进非城市户籍居民的社会融入，最终消除形成二元社会结构的社会条件。

近年来，我国加快了新型城镇化建设步伐，新型城镇化的最终目标是要实现“人的城镇化”，从新型城镇化的视角，探讨“新二元结构”问题是一个新的研究思路。可以相信，随着我国新型城镇化建设发展，解决“新二元结构”问题将会有更多理论阐释和实践方案。

张健明

2015年9月8日

目　录

第1章　绪　论

“新二元结构”是我国城镇化进程中出现的一种特殊社会现象。城镇化是指随着工业化进程，农业人口不断向非农产业转移、向城镇转移，使城镇数量增加、城镇规模扩大、城镇人口比重提高的过程，这也是一个国家现代化进程中必然经历的过程。然而，在我国，长期以来实施城乡分割的户籍制度等，使得进入城市的外来务工人员无法顺利融入城市社会，无法获得市民身份，并且在劳动就业、社会保障、城市住房、子女教育等各方面不能享受与城市户籍居民相同的基本公共服务，于是，城市内部出现了以户籍居民为一元，以外来非城市户籍居民为另一元的“新二元结构”现象。

伴随着工业化和城镇化进程，我国社会人口流动、阶层分化、利益重组呈加速发展态势，城市“新二元结构”形成和显性化是这种社会变化的重要表征，同时也意味着我国经济社会结构转型正面临着新的挑战。党的十八大报告明确指出，要“加快改革户籍制度，有序推进农业转移人口市民化”。这是我国积极稳妥推进城镇化，解决“新二元结构”以及由此引发的一系列社会问题，不断提高城镇化质量的重大战略举措。当前，在我国城市“新二元结构”问题日趋严重的背景下，解决“新二元结构”问题的社会政策需求比以往任何时候都来得更迫切、更迅疾，解决“新二元结构”问题的政策环境比以往任何时候都来得更复杂、更严峻。因此，提高我国城镇各级政府的政策供给能力，有效缓解“新二元结构”引发的社会矛盾，避免“新二元结构”的繁殖和变异，是我国新型城镇化建设的一项重要战略任务。

1.1　研究背景及意义

1.1.1　研究背景

1978年改革开放以来，我国城乡之间、区域之间劳动力流动的限制被打破，劳动力大规模流动，尤其是农业劳动力大规模向工业部门转移，成为我国工业化和城镇化的强大推动力。然而，我国长期形成的城乡之间、东部和中西部地区之间经济社会发展水平的落差，不仅吸引了大批农民进城工作，也吸引了许多欠发达地区的劳动力转向沿海发达地区的大中城市，劳动力大规模流动，呈现由农村到城市，中西部地区到东部地区的单向转移，这种劳动力的流动特征，不仅改变了我国城乡人口结构，而且使城市人口结构发生了重大变化。

改革开放以来，我国区域经济发展战略，是优先发展沿海地区，发展和开放政策向沿海地区倾斜，这使得东部沿海地区得以迅速发展，这进一步拉大了东部和中西部地区经济社会发展的差距，东、中、西部经济发展呈现阶梯式下降的现状。与此同时，我国市场经济改革也在不断深化，劳动力在城乡之间、区域之间的流动的户籍管制放松了。东部沿海地区经济快速发展对劳动力需求不断增大，为农村剩余劳动力提供了大量的就业机会和较高的工资待遇，在这种利益驱动下，我国劳动力转移出现了“孔雀东南飞”的现象。东部沿海地区的城市，特别是一些特大型城市，外来务工人员数量剧增。

进入 2000 年以后，我国城市化速度明显加快。2013 年我国城市人口数达到 73 111万人，比 2000 年增加了 27 205 万人，城镇人口比重由 36.22% 增长到 53.73%。党的“十七大”报告明确提出：“要走中国特色城镇化道路，促进大中小城市和小城镇协调发展”。这不仅确立了未来我国城市发展的新模式，也表明了城市化仍然是我国经济社会发展的趋势。

一直以来，我国就存在城乡二元结构，农村人和城市人之间在经济能力、生活方式、文化素质等诸多方面存在着较大的差异。20 世纪 50 年代设立的户籍制度更是以法律形式严格限制了农民进入城市，限制了城乡间的人口流动，进一步固化了城乡二元结构。

改革开放以来，随着经济体制改革的不断深化，城乡间的劳动力流动的限制逐渐被打破，但是，户籍制度仍然保留着，城市的多数基本公共服务和公共产品的供给依然与城市户籍身份挂钩，城市户籍居民和非户籍的外来务工人员之间的身份界限和享有的公共服务待遇依然泾渭分明。此外，由于城乡二元结构导致的城乡经济社会发展先天差距，户籍制度限制下基本公共服务享有缺陷的后天制约，由农村进入城市的务工人员一旦进入城市工作和生活，因经济生活条件、工作技能、文化程度普遍低于城市户籍居民，因而处于低人一等的状态。由此，城市常住人口中分割为户籍居民和非城市户籍居民两大社会群体，“新二元结构”就是对这两大群体的社会割裂现象概括。

解决“新二元结构”问题的重要条件，是推进基本公共服务均等化，也就是说，要使城市户籍居民和非城市户籍居民享有同等的基本公共服务。然而，城市基本公共服务要实现均等化供给，面临着基本公共服务资源的有限供给难以满足无限需求的矛盾。一方面，随着大量人口流入城市，城市常住人口规模不断扩大，基本公共服务需求不断增大，同时，城市户籍居民的基本公共服务需求也正逐步由“生存型”向“发展型”升级，需求数量和层次呈现不断增长和递增趋势，两个因素的叠加，推动城市基本公共服务需求不断膨胀。另一方面，政府基本公共服务供给能力受到经济发展水平限制。虽然，近年来我国城市各级政府不断加大基本公共服务投入与供给，但是，城市居民日益增长的基本公共服务需求同基本公共服务供给不足之间的矛盾依然十分突出。

基本公共服务是社会保持基本运行的重要保障。公平地、均等地向全体公民提供基本公共服务是各级政府应当履行的主要职责。然而，有限的基本公共服务资源，制约着政府有效履行职责。鉴于社会福利刚性原则，本来应该是城市全体市民共同享有的基本公共服务，城市政府不得不将基本公共服务享有权利与城市户籍挂钩，使得城市户籍居民享受各类齐全的基本公共服务和公共产品，而同样生活工作在城市的非城市户籍居民，却被排斥在城市基本公共服务供给体制之外。非城市户籍的外来务工人员对基本公共服务的需求越强烈，“新二元结构”问题越突出。为了缓解“新二元结构”问题引发的社会矛盾，我国各级城市政府加快了基本公共服务供给体制的改革，在义务教育、养老保险和医疗保险等领域加快推进了基本公共服务均等化，同时加快推进城市外来务工人员的市民化进程，许多中小城市甚至放开了户籍管控，在一定程度上缓解了“新二元结构”问题引发的各类社会矛盾。但是，城市户籍居民和非户籍居民之间基本公共服务供给不均等问题依然没有得到根本解决。

2010年中共中央、国务院《关于加大统筹城乡发展力度进一步夯实农业农村发展基础的若干意见》指出“统筹研究农业转移人口进城落户后城乡出现的新情况、新问题”。我国城市“新二元结构”的出现，以及由此产生的一系列社会问题是“新情况、新问题”的典型表现之一。党的十八大报告指出“新型城镇化是我国现代化建设的历史任务”。2014年发布的《国家新型城镇化规划(2014—2020年)》指出，在我国城镇化建设快速发展过程中，大量农业转移人口难以融入城市社会，市民化进程滞后。被统计为城镇人口的2.34亿农民工及其随迁家属，未能在教育、就业、医疗、养老、保障性住房等方面享受城镇居民的基本公共服务。因此，要高度重视并着力解决城市内部二元结构矛盾。如何回应城市日益显性化的"新二元结构"问题，缓解"新二元结构"引发的社会矛盾，成为我国新型城镇化建设进程中亟需破解的重大社会课题。

1.1.2 研究意义

本项目的研究目的是，从理论上深度破解"新二元结构"的内涵、形成背景及其表现形式，分析"新二元结构"所产生的一系列社会问题，并在此基础上，揭示"新二元结构"社会现象的内在本质及社会机理，提出"新二元结构"背景下，促进城市基本公共服务均等化和城市外来从业人员融入城市，推进非城市户籍从业人员市民化的有效路径和政策建议。本项目研究具有以下意义：

(1)我国城市"新二元结构"问题，是一个具有多重属性的社会问题，它涉及人口学、社会学、经济学、管理学和政治学等多个学科。因此，跨学科、多视角地研究"新二元结构"问题，是本项目研究的必然选择。

在我国城市化进程中，"新二元结构"问题出现，折射了社会发展进程中社会结构变迁与社会制度之间的矛盾，制度的改革，政策的设计，需要建立在对社会结构变迁深刻把握的基础上。我国现行的社会制度安排，不能适应社会结构变迁需求。因此，本项目研究有助于对我国城市化进程中出现的"新二元结构"社会现象的概念内涵、本质特征和形成机理获得较为深刻的理论认识，从而为制定缓解"新二元结构"所引发社会问题的政策选择提供理论分析基础。

(2)破解城市"新二元结构"问题是坚持公平正义，构建和谐社会的客观要求。党的十八大报告提出"必须坚持维护社会公平正义"。随着我国改革开放的深入推进，社会发生了深刻变革，影响社会公平正义的各种矛盾和问题日益突出，人民群众对党和政府维护社会公平正义的要求越来越高。"新二元结构"现象一定程度上强化了城市户籍居民和非城市户籍居民之间的不公平待遇。在"新二元结构"背景下，同样在城市生活的常住居民，被分割为权利义务悬殊的两类群体，城市户籍居民享有完整的公共权利，非城市户籍的外来务工人员享有的权利却受到诸多限制，但要承担与城市户籍居民相同的义务，非城市户籍的外来务工人员成为城市"二等公民”。同时,“新二元结构”的城市环境也容易滋长户籍居民的优越感,产生不尊重非城市户籍居民的心态,使户籍居民和非城市户籍居民群体之间处于相互排斥状态,造成不同社会群体间关系的紧张和不稳定。

非城市户籍居民群体与户籍居民之间社会排斥和割裂状态,社会公平的缺失,严重影响到社会和谐。由于城市非户籍居民受到不公正待遇,他们的基本公共服务需求难以得到满足,往往会以极端的方式表达他们的利益诉求,影响社会和谐稳定。城市“新二元结构”问题已经成为制约社会和谐的重要瓶颈,如果不能有效地解决,必然会引发城市户籍和非户籍居民两大社会群体间的对立和冲突。因此,本项目研究探索“新二元结构”背景下的城市户籍和非户籍居民两大社会群体的社会融合路径,提出促进社会和谐的政策建议,推进我国和谐社会的建设。

(3)破解“新二元结构”问题是我国加快新型城镇化建设,促进城乡一体发展的现实举措。我国改革开放37年来,城市空间扩大了两三倍,2014年我国城镇化率达到54.77%。但是,空间城市化并没有相应产生人口城市化。我国有2.6亿农业转移劳动力,户籍问题把他们挡在了享受城市化成果之外,他们是被城镇化、伪城镇化的。2012年党的十八大提出了“新型城镇化”概念,明确了我国新型城镇化的大方向。同年,中央经济工作会议进一步把“加快城镇化建设速度”列为2013年经济工作六大任务之一,提出了三个“1亿”的目标,即到2020年,要解决约1亿进城常住的农业转移人口落户城镇、约1亿人口的城镇棚户区和城中村改造、约1亿人口在中西部地区的城镇化。三个“1亿”的提出突出了新型城镇化的本质,即人的城镇化。破解“新二元结构”问题将有助于解决新型城镇化建设中的人的城镇化问题。

2014年颁布的《国家新型城镇化规划(2014—2020年)》提出:“要有序推进农业转移人口市民化”,本研究将有助于推动外来务工人员的城市融入。随着国家对民生的关注和社会建设的重视,越来越多的城市外来务工人员希望融入当地社会,期望共享改革发展成果。维护他们的合法权益,帮助他们融入城市,逐步实现市民化,不仅有助于社会公平与和谐社会的构建,而且也有助于经济社会持续稳定发展,推动非城市户籍居民的市民化。

(4)破解“新二元结构”问题,是探索解决“新二元结构”引发的一系列社会问题的有效路径,并为政府提供政策选择依据,提高公共政策供给效率。“新二元结构”使城市出现了社会治安、社会管理、公共服务等领域的一系列社会问题。许多问题的解决需要做深入、具体的调研,并在此基础上提出解决方案。本研究在对不同行业、地域、群体的外来务工人员进行微观实证的调研基础上，为解决问题提出方案和决策思路。

1.2 文献综述

1.2.1 国外关于“新二元结构”问题的研究综述

国外关于“新二元结构”问题的直接的相关研究较少，但涉及二元经济结构、农业劳动力转移、社会排斥与社会融合方面的研究有着较为丰富的文献，按照研究角度的不同，择其最相关者综述如下：

1）关于二元经济结构问题研究

最先提出二元结构概念的，是荷兰社会学家J.伯克（Booke，1953）。1953年J.伯克在对印度尼西亚社会经济状况研究的基础上发表了《二元社会的经济学和经济政策》一书。J.伯克认为，当一个社会同时存在两种或两种以上制度时，那就是二元或多元社会。J.伯克指出，二元结构普遍存在于当时的东方殖民地和一些不发达国家中，这些国家西方输入的资本主义制度和本地的前资本主义农业制度同时并存，社会结构呈现出二元性。

系统阐述并论证二元结构学说的是美国经济学家威廉·阿瑟·刘易斯（Lewis，1954）。1954年，刘易斯发表了《劳动无限供给条件下的经济发展》一文，提出了二元结构学说。刘易斯认为发展中国家一般存在着由传统农业部门和现代工商业构成的二元经济结构。在一定的条件下，传统农业部门的边际生产率为零或呈负数，劳动者在最低工资水平上提供劳动，因而存在无限劳动供给。假定城市工业部门的工资比农业部门的工资高，且两个部门工资水平保持一定的差距，必然诱使农业剩余人口向城市工业部门转移。经济发展的关键是资本的投入，当现代工业部门的资本投入量增加，从农业部门吸收的剩余劳动就更多。农业人口向城市转移到一定时期，当农业剩余劳动力逐渐消失，农业劳动的边际生产率也将逐步提高，城市工业部门劳动者的工资与农业部门的劳动者的工资差距趋于缩小乃至消失，二元结构逐步走向趋同，过渡到现代经济增长。①

---

① 刘易斯.劳动无限供给条件下的经济发展[J].曼彻特学报，1954(5).

1961年，费景汉(John C.H.Fei，1961)和古斯塔夫·拉尼斯(Gustav Ranis，1961)发表了《经济发展的一种理论》一文，对刘易斯模型进行了改进，提出了拉尼斯一费模型(Ranis-Fei model)。他们认为刘易斯提出的二元结构学说有两个缺陷：一是没有足够重视农业在促进工业增长中的作用；二是没有注意到农业由于生产率的提高而出现剩余产品应该是农业中的劳动力向工业流动的先决条件。因此，费景汉和拉尼斯在刘易斯对不发达国家经济部门进行二元划分的基础上，进一步从动态角度分析了二元经济结构演变过程，即阐述了传统农业劳动力向工业部门的流动过程的三个演化阶段。他们认为传统农业劳动力向工业部门的流动的第一阶段是农业剩余人口向城市工业部门转移过程。第二阶段工业部门吸收那些边际劳动生产率低于农业部门平均产量的劳动力，此时，劳动力的边际产量为正值，他们向工业部门的转移导致农业部门的萎缩，从而农业向工业提供的剩余减少，农产品供给短缺，使工农业产品间的贸易条件转而有利于农业，工业部门劳动力工资开始上涨。第三阶段是经济完成了对二元经济的改造，农业完成了从传统农业向现代农业的转变。农业和工业工资都由其边际生产力决定，农业与工业间的劳动力流动完全取决于边际生产力的变动。上述三个阶段中劳动力转移和再配置的数量与时间取决于三个因素：①工业资本储备的增长率。这一增长率为工业利润增长率和农业盈余增长率所限定。②工业技术进步的性质和倾向。③人口增长率。经过改进后的模型更准确反映了二元经济发展中工农业平衡增长的重要性及劳动力转移取决于农业的劳动生产率提高等观点。但是，拉一费模型仍停留在一个简单的结论：经济发展仅仅归结为农业剩余劳动力向工业部门的转移。这样刘一费一拉模型就成为在古典主义框架下分析劳动剩余问题的经典模型。①

2）关于农业劳动力转移研究

二元经济结构理论的研究与农业劳动力转移密切相关。1967年，美国经济学家戴尔·乔根森(D.W. Jogenson，1967)发表了《过剩农业劳动力和两重经济发展》一文。乔根森依据新古典主义的分析方法提出了一种的新理论。乔根森认为工业部门的工资等于边际生产力，而农业部门的工资等于劳动的平均产品，劳动力可以在两部门之间自由流动，工业的发展取决于“农业剩余”和人口规模，农业是经济发展的基础。当农业剩余规模越大，劳动力转移规模也越大，两者同比例增长，即不发

① 费景汉，古斯塔夫·拉尼斯.经济发展的一种理论[J].美国经济评论，1961(9)：537.

达国家一般存在着两种性质不同的结构或部门，现代工业部门和落后农业部门。落后农业部门的产量由土地和劳动力所决定，生产函数呈收益递减。乔根森理论认为农村剩余劳动力转移的前提条件是农业剩余。当农业剩余等于零时，不存在农村剩余劳动力转移。只有当农业剩余大于零时，才有可能形成农村剩余劳动力转移。在农业剩余存在的前提条件下，乔根森又提出了一个重要假设，即农业总产出与人口增长相一致。在这种条件下，随着农业技术的不断发展，农业剩余的规模将不断扩大，更多的农村剩余劳动力将转移到工业部门。因此，农业剩余的规模决定着工业部门的发展和农村剩余劳动力转移的规模。乔根森理论的核心观点是，农业产量的盈余对经济增长具有决定性作用。[①] 依据这一理论乔根森为不发达国家中的“二元主义”的发展提出了一种新古典主义的解释，批判了刘易斯的“具有无限劳动供给的经济增长”理论。

1970 年，美国发展经济学家托达罗（Michacl P.Todaro，1970）发表了他的农村劳动力向城市迁移决策、就业概率和劳动力流动行为模型，该研究的出发点是发展中国家城市存在着普遍失业，而人口流动是在农村劳动力没有剩余的条件下进行的，人口流动的结果不仅导致城市失业人口大量增加，而且使农村劳动力严重不足进而影响农业的发展。因此，托达罗提出应该控制农村劳动力向城市迁移。[②]

托达罗假定农业劳动者迁入城市的动机主要在于城乡预期收入差异，差异越大，流入城市的人口越多。托达罗认为，农村青少年进城尽管不会很快在现代部门找到工作，但在城里待的时间越长，他获得工作的机会就越大，因此他仍然在城里等待工作。托达罗认为发展中国家城市移民人数猛增，这主要是城乡预期收入差异扩大的结果。城市就业机会越多，城乡预期收入差异越大，迁移到城市的人口越多，城市失业水平越高，所以开创城市就业机会无助于解决城市就业问题。据此，托达罗认为发展中国家应该控制人口从农村向城市流动，这对于解决城市失业问题，促进城市经济和社会稳定发展，以及保证农业经济发展有足够劳动力都有重要意义。如何控制人口从农村向城市流动，托达罗认为要加强农村和农业部门发展，减少城乡经济机会不均等现象，提高农民的就业机会和收入水平，改善农民生活条件，逐渐缩

---

① D.W.Jorgenson. Surplus Agricultural and the Development of Dualism[J]. Oxford Economics Papers，1967(19)：288－312.

② Harris J.R.，Todaro，M.P.(1970).Migration，Unemployment and Development a Two-sector analysis[J]. The American Economic Review，60(1)，126－142.

小城乡之间的差距。

1957年,瑞典经济学家缪尔达尔(Karl.Gunnar.Myrdal,1957)提出扩散效应、回波效应,美国经济学家赫希曼(Albert.Otto.Hirschman,1957)提出涓滴效应、极化效应。发展经济学使用他们提出的概念分析地区差距的变动,被称为"缪尔达尔—赫希曼模型"。从发展经济学的视角看,落后地区与先进地区之间存在两种作用,一种是扩散效应或者说涓滴效应,指生产要素从先进地区向落后地区流动,发达地区的发展成果能够促进落后地区的发展,因此它成为地区之间平衡发展的力量;另一种是回波效应或者说是极化效应,指生产要素从落后地区向先进地区流动,发达地区的发展以抑制落后地区的发展为代价,这样就形成了地区之间不平衡发展的力量。

3) 关于社会融合问题的研究

社会融合(social inclusion)作为一个社会政策概念起源于欧洲学者对社会排斥(social exclusion)的研究。社会排斥概念最早由法国学者勒内·勒努瓦(Rene Lenoir,1974)首先提出。1995年欧盟基金会将社会排斥一词定义为:社会排斥意味着这样一个过程,个人或群体被全部或部分地排除在充分的社会参与之外。布尔查特(Burchardt,2000)等学者也认为,社会排斥是指个人生活和居住于某个社会,但他(她)并没有参与到这个社会公民的正常活动中去,那么,这个人就是被社会排斥者。理查森和格兰(Richardson & Grand,2002)认为,如果一个人被社会排斥,他必须在地域上居住在那个排斥他的社会,他没有参加作为这个社会的一个公民可以参加的正常活动,他愿意参加这些活动,但是被他不能控制的因素阻碍了。随着对社会排斥研究的深入,越来越多的学者试图将社会排斥概念进行综合。罗杰斯(Rodgers,1995)在讨论社会排斥的类型时指出,存在着在商品服务领域、劳动力市场、地域、人权、宏观经济发展战略等方面的社会排斥。沃尔克(Walker,1997)认为社会排斥是社会成员从决定个人整合于社会的系统中被排斥出来的现象,这些系统有社会的、经济的、政治的和文化的。史密斯(Smith,2000)将社会排斥分为经济排斥、社会排斥、政治排斥、邻居排斥、个人排斥(生理和心理不健康,受教育的机会少)、空间排斥(弱势群体的边缘化和集中化)和群体排斥(特殊群体如残疾人、老人和少数民族)这7个领域。吉登斯(Giddens,2001)认为社会排斥有很多种形式,主要有经济排斥、政治排斥和社会排斥。经济排斥表现为两个方面,在生产上即为被排斥在劳动力市场之外，在消费上即为个人在日常生活中购买和消费受到限制；政治排斥是指个人无法实现政治活动的参与；社会排斥则发生在社会生活和社群生活中，表现为个人不能享用社区的公共设施，公共事务参与程度低，家庭中和家庭外的闲暇机会少，以及弱社会网络导致的孤独。

随着社会排斥研究的深入和反社会排斥计划及行动的实践，社会融合概念逐渐被学者和政府广泛使用。因为无论是政府机构还是社会政策研究者逐渐意识到，反社会排斥就是要确保任何人都能享受到居住在一个组织良好的现代社会，也就是要建立一个人人共建、人人共享的强大且有凝聚力的社区，这就是社会融合。近年来，社会融合逐渐成为西方社会政策研究和社会政策实践的核心概念。国外学界关于社会融合研究主要集中在两个方面：一是对社会融合概念及其理论的研究，另一是关于社会融合的相关行动方案的研究。关于社会融合的定义，目前并没有一个统一的概念。2003 年欧盟在关于社会融合的联合报告中对社会融合作出如下定义：社会融合是这样的一个过程，它确保具有风险和社会排斥的群体能够获得必要的机会和资源，通过这些资源和机会，他们能够全面参与经济、社会、文化生活和享受正常的生活，以及在他们居住的社会认为应该享受的正常社会福利，社会融合要确保他们有更多的参与生活和获得基本权利的决策机会。加拿大莱德劳基金会（The Laidlaw Foundation，2002）的报告认为社会融合旨在确保所有孩子和成人都能够参与一个值得重视、尊敬和奉献的社会。因此，社会融合是一个符合社会规范的概念或具有价值取向的概念，反映了一个积极的人类社会福利发展的方式，它不仅需要消除壁垒或风险，还需要产生融合环境的投资和行动。

社会融合是一个引起人们强烈兴趣且伴随激烈争议的概念。瓦耶（Voyer，2003）认为融合不是仅仅作为排斥的对立面而存在，它还是一个更广泛的概念。排斥概念强调被排斥的人或局外人对现存的社会制度环境的适应，而融合概念传递了这样一个信息，即现存的制度安排需要改变。近年来，美国著名人口学家马西（Massey，1985）提出的“空间同化”（Spatial Assimilation）的概念，从居住空间的角度为移民的融合过程提供了另一研究维度。波特（Portes，1993）等学者提出了当代极具影响力的“隔离性融合”（Segmented Assimilation）理论。周敏和林闽钢（2004）通过对华人新移民的社会融合状况的研究发现，具有雄厚的人力资本的新移民能够更好地融入美国主流社会，然而华人移民仍不愿意放弃聚居的习惯。[①] 随着西方学者对社会融合的研究进展，出现了一些有代表性的理论，在外来移民与主流社会关系问题的理论探讨方面，主要形成了"同化论"（Assimilation）和"多元论"（Pluralism）两大流派（麦格，2007）。由于西方关于移民的社会融合理论大多是以解决美国这个典型的移民国家所面临的社会矛盾与冲突为目标而提出的（李明欢，2000），因此，无论是"同化论"还是"多元论"，都试图将复杂的社会融合问题简单抽象为"文化融合问题"。

2006年，联合国秘书长在《国际移徙与发展》报告中提出了较为系统的移民社会融合的观点，移徙的成功在于移徙者和东道国社会的相互适应。为了完成这一适应，人们越来越意识到，尽早促进移徙者在居留的目的地国融入当地社会，符合移徙者和东道国社会的最大利益。融入社会的基石是平等待遇和禁止任何形式的歧视。融入社会取决于多种因素，包括有能力使用当地语言进行交流、准入劳工市场和就业、熟悉风俗习惯、接受东道国的社会价值、有可能与直系亲属相伴或团聚和有可能入籍（联合国秘书长报告，2006）。

1.2.2 国内文献综述

1）关于城乡二元结构的研究

国内学者对中国城乡二元结构问题开展了长期深入的探索。在国外二元经济结构研究的基础上，我国的研究主要集中在城乡二元结构问题上。对于中国城乡二元结构的内涵，国内学术界主要形成了以下六种观点。第一种观点延续刘易斯模型的传统思路，认为中国主要存在城乡二元经济结构（高帆，2007），并且认为中国的城乡二元经济结构具有"高强度和超稳态的特征"，这种观点是学术界的主流思想。[②] 第二种观点把以农村工业为主体的乡镇企业作为与农业以及城市工业相并列的经济形式，认为中国存在由农业部门、农村工业部门、城市部门构成的"三元经济结构"。第三种观点认为中国存在由城市现代部门、城市传统部门、乡镇企业部门、农村传统城市偏向制度的影响，带有典型的政府主导型特征，因此必须从制度变迁视角出发，构建符合中国城乡关系演进实际的理论分析框架。第四种观点认为中国不

---

① 周敏，林闽钢.族裔资本与美国华人移民社区的转型[J].社会学研究，2004(3)：36－46.

② 高帆.分工差异与二元经济结构的形成[J].数量经济技术经济研究，2007(7)：3－14.

仅存在城乡分割和工农分化的二元经济格局，而且在地区之间、社区之间、产业及企业之间也出现了二元化现象，因而是一种“环二元经济结构”。第五种观点认为中国存在由二元经济结构和二元社会结构共同构成的“双二元结构”。第六种观点认为中国存在经济、社会、政治、文化四个领域的城乡二元结构，即“城乡四重二元结构”。

受国家发展战略和制度安排的长期影响，中国的城乡二元经济结构较之于其他国家和地区更为严重。李实、罗楚亮(2007)研究认为，如果将城乡居民实际享有的社会保障和社会福利货币化，那么城乡居民之间的收入差距将会扩大近40%。更为严重的是，城乡二元社会结构阻碍了农民工市民化进程，不利于充分发挥城市功能和提升城镇化质量。① 借鉴发展经济学的“二元经济结构”理论，刘纯彬(1988)提出了“二元社会结构”的概念，认为中国存在由户籍等制度构成的城乡二元社会结构。② 此后，郭书田、刘纯彬等(1990)进一步将中国城乡二元社会结构归结为户籍管理、粮食及其他日用品供给、教育、医疗、养老保险等14种不合理制度。

国内学者对于中国城乡二元结构问题的研究为我们进一步深入研究城乡二元经济结构提供了借鉴，但是仍在以下两方面存在不足：一是对中国城乡二元结构的形成与转化缺乏逻辑合理的分析框架。国内学者在研究中国城乡二元结构过程中大多延续古典或新古典经济学思路，认为城乡二元经济结构会随着经济增长而自生转化。但与改革开放以来的经济增长奇迹相比，中国的城乡二元经济结构转化具有滞后性，这不仅对“三农”发展造成了严重的消极影响，而且在理论上形成了“中国城乡二元经济结构转化滞后”之谜。我们认为，古典经济学和新古典经济学是在市场经济条件下产生出来的经济学理论，难以有效地阐释中国在计划经济体制下形成的复杂的城乡二元结构问题，并且对中国城乡二元结构转化滞后缺乏合理解释。二是缺乏对中国城乡双重二元结构的系统研究。受重工业优先发展战略及城市偏向制度的影响，中国不仅存在具有一般性的城乡二元经济结构，而且存在具有特殊性的城乡二元社会结构，也就是说，中国在经济、社会领域都出现了城乡二元结构问题。从国内学者的既有研究来看，尽管学术界对中国城乡二元经济结构做了大量研究，对城乡二元社会结构也有所涉及，但很少有学者同时从经济、社会两个层面系统研

---

① 李实，罗楚亮.中国城乡居民收入差距的重新估计[J].北京大学学报，2007(3)，111－120.

② 刘纯彬.走出二元——根本改变我国不合理城乡关系的唯一途径[J].农业经济问题，1988(4)：22－27.

究中国城乡二元结构问题。

2）关于社会分层问题研究

“新二元结构”问题，是社会流动和社会分层现象。我国对社会分层研究始于80年代末90年代初，基于布劳、邓肯的社会流动理论对我国的社会流动进行大规模的调查研究差不多也始于80年代后期。林南利用在天津得到的调查资料所做的社会流动研究（林南，1989），可称得上我国在这个领域研究的先驱。1988年由中国社会科学院社会学研究所主持实施的《中国社会阶级阶层研究》，涉及全国6省市的4658户城镇居民和4723户农村居民，通过对调查结果的分析，对于我国的职业评价指标、代际流动水平和社会地位的实现机制有了一个初步的把握（戴建中，1994）。该研究所1995年又组织实施了《青年职业流动与人力资源开发》调查，对全国8个大中小城市的3800名青年进行了问卷调查。该项研究以特定的年龄段人群为对象，对代际和代内的职业流动、工作流动等做了实证分析，得到了一些有价值的新发现，并对社会流动现象进行了新的解释（李春玲，1997）。①

在对由于流动人口进入产生的矛盾和冲突问题上，有学者从社会资本的角度来分析，认为规模小、紧密度高、趋同性强、异质性低是流动农民工社会网络的主要特点（王毅杰等，2004）。郭星华等（2004）的研究表明外来民工与城市居民的“社会距离”实际上是在逐渐增大。② 因此，构建农民工社会资本的积累和形成机制，改善农民社会资本匮乏和质量低下的状况，是促使农民工更好地融入城市社会生活的重要途径（刘传江等，2004）。③ 有学者指出，在工业化和现代化过程中，整个社会要从一个以农村为主的社会转变为一个以城市为主的社会，如果不能顺利地实现这种转变，将不会继续保持一个以农村为主的社会，而会形成一个断裂的社会（孙立平，2002）。④ 也有学者从社会排斥角度来分析，认为户籍制度和建立在户籍之上的城市各种制度构成了流动人口融入城市社会的制度性障碍（或制度排斥），学术界对此已基本形成共识。在城市现有的制度安排下，流动人口面对的是一系列有别于城市居民的制度，如就业制度、社会保障制度、医疗制度、教育制度等。二元化的城市制度

① 李春玲.社会结构变迁中的城镇社会流动[J].社会学研究，1997(5)：82－88.

② 郭星华，储卉娟.从乡村到都市：融入与隔离——关于民工与城市居民社会距离的实证研究 [J].江海学刊，2004(3)：91－98.

③ 刘传江，周玲.社会资本与农民工的城市融合[J].人口研究，2004(5)：12－18.

④ 孙立平.资源重新积聚——90年代中国社会分层基本背景[J].观点，2002(3)：57－61.

生存环境根源于城市的二元化户籍状况。城市相关制度被人为地贴上了“户口”的标签，使得原本应当与户籍无关的制度却与户籍的性质产生了千丝万缕的联系。在这个意义上，户籍制度已经超越其本身单纯的人口登记和统计的功能，成为上述城市制度的“母体”，并成为制度性排斥的基础性制度（任远，邬民乐，2006）。① 另外，曾旭晖（2004）认为要使人力资本得以合理地配置，就必须拆除体制上的障碍，建立统一的劳动力市场，真正实现劳动力的自由流动。② 由于城市管理部门对流动人口就业各种有形和无形的限制，使大部分流动人口被排斥到相对低端的次级劳动力市场上，成为城市社会的底层（李强，2000）。③

3）关于“新二元结构”问题的研究

顾海英等（2011）以上海市外来人员为例，研究认为，农民身份的转化滞后于现阶段农村剩余劳动力就业的转移，使原有城乡二元结构问题向城市延伸，又形成“新二元结构”问题。研究中考察了外来农民工的生活现状，认为，现阶段“新二元结构”问题重点需要解决的是“外来农民工”及其家属的市民化问题。④ 目前，上海市现阶段“新二元结构”问题主要呈现的特征是：外来农民工申领居住证或者暂住证，这是上海以常住人口为统计口径为外来务工人员提供各种服务的重要途径，也是外来务工人员在上海享受及保护自己权利的重要手段，外来务工人员主要通过亲朋好友的介绍获取工作；主要就业领域是低层次的传统型、操作型、体力型的行业，主要从事的工种是操作工；外来务工人员最基本的法律保障是劳动合同。抽样调查的数据显示，外来农民工的收入月平均工资为 2009.21 元，而本地劳动者月平均收入是 2808 元，两者之间名义差异将近 800 元。另外，外来务工人员享受的社会福利方面总体较少，与本地从业人员相比差距较大。上海外来人员子女可以在上海学习到初中毕业，报考职校等等，但是却无法进入上海高中就学，更无法在上海参加高考。外来务工人员采取“小病买药吃”的比例达到 73.65%，更多人生了大病后，选择回老家就医治疗，避免大城市中的高额医药费用。据调查显示，62.45%的农民工在沪工作中遭

---

① 任远，邬民乐.城市流动人口的社会融合：文献述评[J].人口研究，2006(3)：87－94.

② 曾旭晖.非正式劳动力市场人力资本研究——以成都市进城农民工为个案[J].中国农村经济，2004(3)：34－38.

③ 李强.社会分层与贫富差别[M].厦门：鹭江出版社，2000.

④ 顾海英.现阶段“新二元结构”问题缓解的制省略与政策——基于上海外来农民工的调研[J].管理世界，2011(11)：55－65.

遇权益受侵害的问题，仅有24.14%的农民工选择通过法律途径来解决问题，加快建立和完善维护外来农民工权益的组织，提高农民工维权意识的宣传教育工作。

外来农民工对现有政策的评价效果如下：在这次调查中，外来农民工对在沪工作生活的总体满意度的评分是3.85分（总分为5分），评分高低依次是社会治安、工作环境、居住环境、收入水平。在对外来务工人员融入城市的归属感评价中：有53.2%的农民工能听懂上海话，但不会说；有33.5%的农民工既不会说也听不懂；有27.9%的农民工将上海"作为自己理想实现之地"，26.3%的农民工将上海视为自己的"第二故乡"，而大部分只是一种心理期望。这表明，外来务工人员在上海的生活融入程度相对较低。抽样调查结果显示，70.89%的农民工表示"关心"户籍新政；农民工对于公平问题的渴求中，渴望公平的工资收入的要求最高，其他依次是劳动保障、医疗保障、子女教育、就业机会和职业培训等方面；外来农民工在沪生活中面临的最大障碍或者困难是"城市开销大"，其他依次是学历太低、家人无法照料、子女教育、工资太低、工作太辛苦、收不抵支、缺乏外出经验和生病无人照管等；外来农民工对未来的打算中，36.31%打算赚了钱后返乡，仅有19.9%的农民工未来打算"在上海安居立业"；外来农民工在沪工作，医疗、物价、法律、培训以及子女教育等各方面都有需要政府解决的问题，在这些问题中最急需政府解决的问题是医疗保障的提供、物价的稳定和劳动权益的保护。研究中提出缓解"新二元结构"问题的制度安排以及政策建议有：构建"淡化"户籍，"强化"常住人口的制度安排与政策建议；衔接、协调现有政策执行力和受益面相关的政策建议：推进并优化产业结构，以提高外来农民工的收入水平，加强就业和培训，引导外来农民工合理、有序流动；充分利用现有教学资源，逐步接受外来农民工子女在城市接受高中教育；建立并健全相关法律法规及非政府组织，实现公共服务向外来农民工延伸。

梁德阔（2012）研究指出，城乡二元结构是由行政主导，"新二元结构"是由市场主导，"新二元结构"呈现以下主要特征：城乡二元结构与"新二元结构"两种结构相互交织，相互叠加；城乡二元结构和"新二元结构"形成的根本原因是户籍制度；促进流动人员的基本公共服务均等化是破解"新二元结构"的主要方式，推进所有社会成员享受效用无差异的基本公共服务。上海已有的解决"新二元结构"问题的做法有：基本形成流动人口计划生育统一服务管理格局；保障流动人口子女接受普遍的义务教育；不断提高流动人口所能享受的服务水平；不断提高流动人口所拥有的社会保险待遇；不断强化流动人口所需的就业服务。上海市已有的基本经验有：已达到市级统筹、重视流动人口服务管理的制度建设、相关部门综合联动统筹协调管理、与周边省份形成区域协作统一管理、实行跨省信息共享。①

郭立场、陈吉(2012)研究指出，在二元结构体制下，随着我国城市化进程推进，新生代农民工在城市人群中的数量和规模越来越大，但是却游离于城市政治、经济、文化和社会的边缘，农民工的生活质量、医疗保障、教育资源、工资收入等缺乏有效保障，不能融入城市主流中来。新生代农民工面临政治参与难、经济融入难、社会保障难、文化认同难等城市融入困境，公民身份缺失、城乡二元制度阻碍、群体自身素质制约、社会支持网络匮乏等因素影响农民工融入城市。并从推进制度变革，为新生代农民工融入城市创造条件、加强组织化程度，为新生代农民工融入城市提供组织保障、整合培训资源，提高全社会的劳动力培训水平、统筹城乡发展，建立统一的城乡一体化劳动力市场等方面提出新生代农民工融入城市的对策。②

韩晓燕(2012)研究提出，城市里户籍人口与非户籍人口的“新二元”结构对城市中有限的社会资源、社会管理以及社会制度带来了从未有过的巨大挑战。研究以上海市闵行区为例，提出城市中的“新二元”结构问题主要表现在：城市公共保障服务欠缺(医疗卫生保障欠缺、住房保障欠缺)、教育资源匮乏与教育制度缺失、“三低”问题带来的挑战(文化水平低、工资待遇低、工资稳定性低)、城市管理面临着巨大的挑战。研究中总结闵行区在处理“新二元”结构问题中积累的经验有：建立一系列外来人员管理制度，积极提升来沪人员的社会保障水平，增加并改善来沪人员的教育资源供给，满足来沪人员子女的教育需求，健全来沪人员的就业服务以及就业保障。并基于上海市闵行区的经验和探索，提出破解“新二元结构”的基本原则：坚持以人为本、坚持以综合管理为核心、坚持以社会融入为目标。依据这三个原则，提出应对“新二元结构”的几个对策建议：完善来沪人员居住证功能，健全以居住证为核心的来沪人员管理制度；优化社会公共服务资源的配置机制，健全来沪人员社会公共服务供给制度；稳步推进来沪人员的素质教育工作；逐步促进来沪人员的政治待遇，与户籍人口同等化；健全和完善城市人口管理体制和机制，完善来沪人口服务和管理

① 梁德阔.上海破解“新二元结构”难题研究[J].华东经济管理，2012(12)：1—4.

② 郭立场，陈吉.新生代农民工城市融入的困境与对策[J].农业现代化研究，2012(12)：191—194.

财政保障制度。进一步强化并落实人口综合调控的各项措施。①

孙红玲、唐未兵、沈裕谋(2014)研究指出省城财政体制内农村户籍转变为城镇户籍是可以的,全国2.7亿农民工包括抚养人共4亿不能转入城市,主要是因为省级承包式分税制造成地方利益分割的刚性,带来中西部地区农村人员向东部城市迁移的区域性新二元结构。通过借鉴德国财政平衡方法,探求出了人均公共服务均等化的"标准人"计算公式,劳动力迁徙到哪里就将公共服务带到哪里进行享受,发挥市场机制"用脚投票"作用,来推动城镇化的进行,解决差距拉大、市场分割、产能过剩和生态环境等问题,来释放中国改革的最大红利。②

王双群(2014)总结国外城市化进程中的经验:城市化可持续发展的最主要因素是政府对城市的合理规划;人口转移的过程中防止出现混乱的有效手段是政府的宏观调控;解决城市化进程中的各种问题需要政府制度创新。在"人的城镇化"过程中,需要发挥政府在宏观经济决策中的引导功能,需要政府宏观调控以及发挥市场"无形的手"的作用;利用政府"有形的手"调控起到对城镇体系的科学规划和合理布局;不断改革现有农民工市民化的相关制度,主要包括改革福利制度、剥离户籍制度背后的"隐性福利",针对农地征用、补偿、流转制度,遵循"节约集约用地和保护农民利益"的原则,改革土地制度。改革财税制度,保证地方政府财权,调动地方政府实施人的城镇化政策的积极性以及主动性,避免土地城镇化趋势蔓延。遵循"增强公平性、适应流动性、保证可持续性"的原则,积极改革社会保障制度,统一劳动力市场,使外来务工人员获得良好的就业机会。③

关于缓解"新二元结构"问题,耿明斋(2012)通过调研提出以下政策建议:把推进新型城镇化的重点放在省辖中心城市以上城市;确立中原经济区核心区的概念;加紧清理各级政府出台的各类有关促进农民进城和接受外来人口入户的政策措施,切实扫清农民进城和人口在区域间流动的体制机制障碍;转变政府职能,强化服务意识,拆除农民进城的"玻璃门";提高农民工参保率,为农民工进城安居创造条件;

---

① 韩晓燕."新二元结构"破解对策的经验研究——以上海市闵行区为例[J].中国社会科学院研究生院学报,2015(3):134-139.

② 孙红玲,唐未兵,沈裕谋.论人的城镇化与人均公共服务均等化[J].中国工业经济,2014(5):18-30.

③ 王双群.宏观经济决策引导与人的城镇化[J].求索,2014(12):45-49.

强化农村适龄人口的教育;将土地权益与农民身份分离。①

4) 关于基本公共服务均等化问题研究

推进基本公共服务均等化,是缓解"新二元结构"问题重要途径。国内学界关于基本公共服务均等化问题的研究主要集中在以下几个方面:

第一,关于公共服务均等化内涵,很多学者认为,公共服务均等化是与公平紧密相关的一个概念。公共服务均等化既是公共财政"公共性"的重要体现,又是公共财政"一视同仁"的特征延伸,它在本质上是让全体社会成员享受水平大致相当的公共服务。公共服务均等化意味着全体社会公众,无论城乡、地域及收入水平等特征差异,都有平等、公平的享受社会公共服务的权利,从而保证了社会公平、公正。与此同时,均等化不是简单的"一刀切"和平均化,而是一个相对、大致的均等,因此在公共服务均等化的过程中,不仅要追求社会公平,还要兼顾经济效率,以实现公平和效率的统一(公共服务均等化问题研究课题组,2007)。②

第二,公共服务均等化是一个动态的过程。诸多研究者认为公共服务均等化本质上是通过政府的制度设计,实现最终公共服务的均等目标,即不同区域、城乡以及居民之间享受的公共服务水平一致,但实现均等化的最终目标,往往要经历相当长的一段时间。其间,随着社会公众对公平的认知程度以及客观经济社会条件的变化,不同阶段的均等化目标将会有所不同(安体富,2007;贾康,2007;石绍宾,2008;马国贤,2008)。因此,在公共服务均等化的过程中,政府应根据不同社会经济背景,选择不同的均等化目标、标准以及模式。

第三,公共服务均等化目标往往涵盖机会均等、过程均等和结果均等三个方面。尽管由于研究对象、角度和方法的不同,研究者对均等化目标的认识也略有差异,但大多都涵盖了以下三个方面:一是全体社会公众具有平等享有公共服务的机会,即机会均等;二是在提供大体均等公共服务的过程中,尊重社会成员的自由选择权,即过程均等;三是全体社会公众所享有的公共服务,在数量和质量上都应大体均等,即

① 耿明斋.对新型城镇化引领"三化"协调发展的几点认识[J].河南工业大学学报,2011(12):1—4.

② 中国财政学会"公共服务均等化问题研究"课题组.公共服务均等化问题研究[J].经济研究参考,2007(58):2—36.

结果均等(李华 2005、刘尚希 2007、安体富 2007、常修泽 2007)。[①] 基于此,公共服务均等化具有丰富的内涵,它既包括公众参与公共服务的机会均等和过程均等,又包括公众享受公共服务数量与质量的大体均等。第四,关于公共服务均等化的实现手段。在公共服务供给机制中,政府是最主要的供给主体,因此均等化进程中政府始终是主导力量(樊丽明,2009)。[②]

基于此,研究者围绕政府的作用对公共服务均等化的实现手段展开论述。首先,财政投入均等化。作为公共服务供给资金的主要来源,各级各地政府的财政资金投入量在很大程度上影响公共服务的供给水平,进而影响公共服务在地域之间、城乡之间以及个人之间的均等程度,因此诸多研究者认为财政投入是公共服务均等化的主要实现手段。其次,公共服务供给标准化。公共服务的实物存在是否实现均等的最直接表现。王国华(2008)根据我国社会经济背景,测算了未来五年基本公共服务均等化的目标,并据此制定全国统一的基本公共服务标准,通过对基本公共服务的标准化管理,缩小城乡公共服务差距,实现均等化目标。[③] 陈昌盛(2008)对基础教育、公共卫生、社会保障基础设施、科学技术、公共安全、环境保护和一般公共服务等八类基本公共服务,按投入、产出与效果,建立包含165个指标在内的指标体系。[④] 再次,供给责任划分规范化。在公共服务的供给中,从中央政府到地方各级政府都负有重要的供给责任,合理划分中央与地方各级政府供给责任,是公共服务供给机制有效运行的制度保障。樊丽明(2009)认为中国政府对基本公共服务均等化的支持实行"自上而下"的体制,这种体制虽然保证了政策、资金的畅通和政府体系内部各级政府行动目标的一致性,但也由于链条过长而导致运行成本增加,带来集中决策与基层多元需求,上级决策与基层资金配套,以及决策意图与执行效果的矛盾。[⑤] 因此,公共服务均等化需要改革目前相对集中的财政体制,逐步实现公共服务供给

---

① 常修泽.中国现阶段基本公共服务均等化研究[J].中共天津市委党校学报,2007(2):66—71.

② 樊丽明,石绍宾.当前中国农村公共品政府供给机制的运行及完善[J].税务研究,2008(12):9—14.

③ 王国华,温来成.基本公共服务标准化政府统筹城乡发展的一种可行性选择[J].中国城市经济,2008(3):24—27.

④ 陈昌盛.基本公共服务均等化:中国行动路线图[J].财会研究,2008(2):15—16.

⑤ 樊丽明,石绍宾.区域内城乡基本公共服务均等化进程及实现机制分析——基于山东省3市6区县调查的经济学思考[J].财政研究,2009(4):31—34.

事权和财力的配比，同时规范转移支付制度，减少专项转移支付比重，加大财政性转移支付的力度。第五，关于公共服务均等化进行理论基础。学界普遍认为福利经济学是公共服务均等化的经济学理论基础。福利经济学为公共服务均等化提供了坚实的理论基础，它解决了为什么要实现公共服务均等化的基本问题，即公共服务均等化是社会福利最大化的必然要求。同时随着福利经济学理论的发展，公共服务均等化的内涵也更加丰富，它是实现收入分配公平和保障居民自由发展的必经之路。

1.2.3 研究述评

国内外学者关于二元经济结构、农业劳动力转移、社会排斥和融合、城乡二元结构、社会流动与社会分层、“新二元结构”、基本公共服务均等化等问题的研究，提出了许多富有创见的观点，无疑是拓展和深化我国城市“新二元结构”问题研究的可喜成果，既拓展了研究的思路，也为本研究进一步深入探讨我国城市“新二元结构”问题及形成的社会机理奠定了理论基础。但是，“新二元结构”问题是一个复杂的社会问题，一方面，我国城市“新二元结构”问题不仅是个经济问题，更是一个社会问题，从经济社会两个视角，系统研究城市“新二元结构”问题，才能把握“新二元结构”问题的实质；另一方面，我国城市“新二元结构”问题，是在中国特定的发展阶段，工业化、城镇化进程中形成的经济社会问题，带有明显的“中国特色”，脱离中国的发展阶段和具体国情，难以深刻揭示我国城市“新二元结构”形成的社会机理，找到解决“新二元结构”问题的实践路径。然而，目前学界关于“新二元结构”问题，国外学者的研究缺乏中国实践基础，他们提出的理论具有重要借鉴价值，但是不能直接解释中国问题。国内学者的研究尚未从经济和社会两个维度的系统研究，也缺乏对“新二元结构”问题形成的社会机理作深入剖析，提出的解决“新二元结构”问题的路径，也只是停留在一般的政策建议，没有进行深刻的学理性分析。

“新二元结构”问题的出现，是我国工业化、城镇化进程中的必然现象，城乡二元结构和户籍制度只是产生“新二元结构”诱发因素，并不是产生“新二元结构”的社会机理。我国工业化、城镇化必然发生社会结构变化，然而，我们的社会制度并没有随着社会结构的变化而改变，基础教育、社会就业、社会保障、医疗服务等基本公共服务的供给制度不能适应社会结构变化需求，引发一系列社会矛盾，“新二元结构”只是特殊社会矛盾现象的理论概括。基于上述思考，本研究不再简单分析“新二元结构”问题的现象，研究着力点在于我国基本公共服务供给体制改革方案设计，破解城市基本公共服务均等化瓶颈，为解决“新二元结构”问题，实现一元发展提供实际决策的理论依据。

1.3 研究方法

1.3.1 系统分析方法

系统分析方法是本研究的重要方法。本研究将我国城市“新二元结构”问题作为一个系统，对“新二元结构”问题形成的社会因素进行综合分析，从政治、经济、社会、文化多个维度探究“新二元结构”问题形成的社会机理。同时，基于系统分析，提出解决“新二元结构”问题的实践方案。

1.3.2 理论研究与实证分析相结合

我国城市“新二元结构”问题，是复杂的系统的经济社会问题，既要构建理论分析框架开展系统的理论研究，又要通过实证分析对理论假说进行验证。因此，本项目研究在构建理论分析框架，解读“新二元结构”内涵的基础上，运用访谈、座谈会、问卷调查和实地考察等方式，了解我国城市“新二元结构”的成因、现状及由此引发的问题，以获取经验证据。同时，运用统计分析方法对实证调研获取的信息，进行统计分析，提炼改进对策及完善思路。

1.3.3 历史研究与现状分析相结合

本研究的“新二元结构”问题，是我国新中国成立以来的城乡二元结构演化而来，也是改革开放以来，我国工业化、城镇化进程中逐步积累的经济社会问题，具有较长的历史跨度。因此，既要分析城乡二元结构演进过程，又要科学判定“新二元结构”问题当前发展状态，只有这样才能全面把握我国“新二元结构”问题的来龙去脉。具体而言，对于我国城乡二元结构的发展演进过程和内在逻辑，注重运用历史研究方法进行探究，研究“新二元结构”问题的研究过程中，注重分析其当前状态，有针对性地提出解决“新二元结构”问题的路径，做到历史研究与现状分析相结合。

1.3.4 运用多学科交叉研究

我国城市的"新二元结构"问题，是一个涉及多个领域的复杂社会问题，本项目对"新二元结构"问题的研究，涉及政治、经济、社会、文化等多个领域。因此，除了运用经济学和社会学方法以外，还运用政治学、社会心理学等学科的研究方法，并且尽可能做到多学科方法的有机结合，相互借鉴，更透彻地剖析"新二元结构"问题。

1.4 研究框架

1.4.1 研究思路

本研究的基本思路是：首先，从理论上阐明"新二元结构"概念的内涵及本质特征，分析"新二元结构" 的特殊表现形式。其次，运用多学科研究方法，基于学理性分析，揭示"新二元结构"问题形成的社会机理。再次，开展实证调研，通过对城市户籍居民和非户籍居民的问卷调查和个别访谈，深入了解产生"新二元结构"的社会排斥现象，同时，通过对具体案例研究，深入地剖析"新二元结构"引发的社会矛盾现象。最后，结合我国的具体国情和城市化进程的阶段特征，借鉴国际经验，探究非户籍的外来务工人员城市融入的制度环境和政策措施，提出缓解"新二元结构"问题政策设计思路、操作方案和政策建议。

本研究的重点是：城市基本公共服务均等化和非户籍的外来务工人员的社会融入，研究将解决城市基本公共服务需求无限膨胀与供给有限性之间的矛盾，进而提出推进基本公共服务均等化的路径。

1.4.2 主要内容

研究我国城市化进程中的"新二元结构"问题，本书立足于两个维度，一是在系统分析"新二元结构"引发的社会问题基础上，揭示"新二元结构"问题产生的社会机理。二是，以特大城市为典型案例，在理论分析和实证调研的基础上，探讨解决因城市人口规模不断扩大导致的基本公共服务需求无限膨胀与城市资源承载力有限性之间的矛盾，以及推进基本公共服务均等化的实践路径。本书包括 6 章内容：

第 1 章绪论，着重对本书研究的背景、研究目的意义、已有文献及研究方法和框架等方面的内容进行阐述、分析和说明。

第2章我国"新二元结构"问题的历史溯源研究。城市"新二元结构"问题是由我国城乡二元结构问题演化而来,因此,系统梳理我国城乡二元结构演化脉络及内在逻辑,是本书的重要内容之一。在此基础上,通过分析我国工业化、城镇化进程的特定历史阶段,分析由此引发"新二元结构"问题。

第3章"新二元结构"问题的社会机理研究。"新二元结构"问题本质上是社会结构变化的特殊表现形式。我国工业化、城镇化发展推动农业人口大规模向工业转移,向城市集中,导致城市的人口结构和社会结构发生变化。在城市社会结构发生变化的过程中,哪些社会和制度因素,诱发了"新二元结构"问题,这是本书重要阐述的内容。

第4章城市"新二元结构"问题的实证研究。"新二元结构"问题是一个现实社会问题,它有诸多的具体表现形式,通过实证调研有助于清晰地把握"新二元结构"问题的表现形式。在现存的制度框架下,"新二元结构"问题也是城市户籍居民和非户籍居民两个社会群体相互排斥的社会现象,两个社会群体的社会融合,需要深入研究非户籍居民市民化进程中的现实困境,这也需要开展实证调研,本书将依据实证调研,系统分析上述问题。

第5章解决"新二元结构"问题的路径设计。解决"新二元结构"问题,关键是解决基本公共服务均等化,本质上是不同社会群体的利益均衡问题,也就是说,如何通过公共政策调整和社会引导逐步消除基本公共服务供给不均等现象,进而逐步消除社会群体隔阂,缓解社会矛盾,促进社会和谐。推动基本公共服务均等化的关键是,解决基本公共服务需求无限膨胀与城市资源承载力有限性之间发生的矛盾,本书系统论证了解决这一矛盾的基本思路和实践方案。

第6章缓解"新二元结构"问题的政策选择。公共政策是政府配置社会公共资源,调整社会利益的重要手段。因此,要通过公共政策的调整促进"新二元结构"问题的解决。本书从人口调控、资源供给、需求调节、改革策略四个方面提出并论证了解决我国城市"新二元结构"问题的政策建议。

在我国工业化、城镇化的历史进程中,城市"新二元结构"问题是必然的历史现象,这一问题的产生、发展和解决也是一个历史过程,解决这一问题不仅需要具备一定社会历史条件,而且也因工业化、城镇化进程的历史阶段不同而需要调整行动策略。因此,不仅要在理论上进一步深入研究城市"新二元结构"问题在不同时期的演化形态,而且要不断总结解决这一问题的实践经验,提出修正方案。

第2章　我国"新二元结构"问题溯源

2.1　城乡二元结构历史追溯

2.1.1　我国城镇化进程

城市"新二元结构"问题是我国工业化、城镇化进程中必然的社会历史现象。

工业化一般理解为工业在国民生产总值(或国民收入)中的比重不断上升,以及工业就业人数在总就业人数中比重不断上升的过程。工业发展是工业化的显著特征之一。但工业化不仅仅是工业发展,工业化还表现为传统农业社会向现代工业社会转变的过程。在工业化进程中,工业发展是与农业现代化、城市化发展相辅相成的。

城镇化是伴随工业化发展,非农产业在城镇集聚、农村人口向城镇集中的自然历史过程,是人类社会发展的客观趋势,是国家现代化的重要标志。城镇化首先表现为农业剩余劳动力向工业和服务业转移;其次表现为农村人口向城镇集聚,城镇人口在总人口中比重不断上升;再次表现为农村地区转化为城镇地区,城镇的数量和规模不断增加。

城镇化的过程是随着现代工业的出现而开始的。大规模的城镇化现象最早发端于18世纪的工业革命。工业革命所带来的机器大生产,客观上要求劳动要素的相对集中,加上工业快速发展急需大批劳动力,工业劳动力市场价格高于农业,促使农业劳动力向工业所在的城市区域的集中。人口向城市集中也带来了商业及服务业的发展,活跃的市场创造诸多就业机会。于是,工业化、城市化、市场化成为同一个历史过程,这个过程也被称为现代化进程。从18世纪中叶开始,到了20世纪中叶,在近200年的时间里,多数西方发达国家基本上实现了城市化。

近代以来,我国的城市化发展可以概括为三个阶段:

第一阶段是 1840—1949 年，在半殖民地半封建社会中，虽然我国诞生了一些近代工业，资本主义也有一定程度的发展，现代意义上城镇化开始起步，但是由于受到世界列强的侵略，以及封建军阀割据的困扰，我国城市化不仅缓慢，而且发展十分不均衡，东部沿海地区，比如上海，城市发展较快，中西部的许多地区则完全处在工业化的进程之外。

第二阶段是 1949—1978 年，新中国成立后，我国开始布局城市发展，制定了城市发展规划。但是，在优先发展重工业，以及计划经济体制下，城市发展并没有得到足够重视，尤其是 50 年代中期设立户籍制度以后，城乡二元结构被制度固化，这使得我国城镇化进程长期处于停滞状态。而同期，从 1949 年到 1978 年全世界城市人口的比重由 28.4%上升到 41.3%，其中发展中国家由 16.2%上升到 30.5%，但是我国仅由 11.2%上升到 19.4%。①

1978 年改革开放前，我国的城镇化呈现出以下几个特点：①政府是城镇化的主要推动者。②城镇化对非农劳动力的吸纳能力很低。③城镇化的区域发展受高度集中的计划体制的制约。④劳动力的职业转换优先于地域转换。⑤城镇的经济社会运行机制具有非商品经济的特征。这种城镇化的结果，是形成了城乡之间的相互隔离和相互封闭。在城乡二元结构下，政府对城市和市民实行“统包”，而对农村和农民则实行“统制”，即城乡之间实行不同的财产制度、户籍制度、住宅制度、粮食供给制度、副食品和燃料供给制度、教育制度、医疗制度、就业制度、养老制度、劳动保险制度、劳动保护制度、甚至婚姻制度，城乡之间的巨大制度差异，构成了城乡之间的制度壁垒。

第三阶段是 1978 年至今，改革开放以后，我国由严格的城乡人口流动管控，城镇化长期处于停滞状态，转为放松人口流动的管控，并且鼓励城镇发展。1980 年，国务院批转《全国城市规划工作会议纪要》，提出了“控制大城市规模，合理发展中等城市，积极发展小城市”的方针，我国开始进入城镇化发展快车道。20 世纪 80 年代以来，我国人口从农村向城市的流动长期呈现爆发式增长的局面。1979 年改革开放初期，我国城市化率仅有 18.96%，1999 年我国城市化率上升到 34.78%，20 年间上升了 15.82 个百分比。进入 2000 年后，城市化率依然稳定增长，2009 年达到 48.34%，2012 年我国城镇人口占总人口比重达到 51.27%，城镇人口首次超过了农

---

① 武力.1978—2000 年中国城市化进程研究[J].中国经济史研究，2002(4)：73－82。

村人口，跨入了城市社会为主体的国家行列，2013 年我国城市化率进一步提升达到 53.73%，这表明我国的城镇化进程方兴未艾。①

表 2—1　新中国成立以来我国人口数及构成情况　（单位：万人）

年份	总人口（年末）	城镇		年份	总人口（年末）	城镇		年份	总人口（年末）	城镇	
		人口数	比重（%）			人口数	比重（%）			人口数	比重（%）
1949	54 167	5 765	10.64	1981	100 072	20 171	20.16	1998	124 761	41 608	33.35
1950	55 196	6 169	11.18	1982	101 654	21 480	21.13	1999	125 786	43 748	34.78
1951	56 300	6 632	11.78	1983	103 008	22 274	21.62	2000	126 743	45 906	36.22
1955	61 465	8 285	13.48	1984	104 357	24 017	23.01	2001	127 627	48 064	37.66
1960	66 207	13 073	19.75	1985	105 851	25 094	23.71	2002	128 453	50 212	39.09
1965	72 538	13 045	17.98	1986	107 507	26 366	24.52	2003	129 227	52 376	40.53
1970	82 992	14 424	17.38	1987	109 300	27 674	25.32	2004	129 988	54 283	41.76
1971	85 229	14 711	17.26	1988	111 026	28 661	25.81	2005	130 756	56 212	42.99
1972	87 177	14 935	17.13	1989	112 704	29 540	26.21	2006	131 448	58 288	44.34
1973	89 211	15 345	17.2	1990	114 333	30 195	26.41	2007	132 129	60 633	45.89
1974	90 859	15 595	17.16	1991	115 823	31 203	26.94	2008	132 802	62403	46.99
1975	92 420	16 030	17.34	1992	117 171	32 175	27.46	2009	133 450	64 512	48.34
1976	93 717	16 341	17.44	1993	118 517	33 173	27.99	2010	134 091	66 978	49.95
1977	94 974	16 669	17.55	1994	119 850	34 169	28.51	2011	134 735	69079	51.27
1978	96 259	17 245	17.92	1995	121 121	35 174	29.04	2012	135 404	71 182	52.57
1979	97 542	18 495	18.96	1996	122 389	37 304	30.48	2013	136 072	73 111	53.73
1980	98 705	19 140	19.39	1997	123 626	39 449	31.91	2014	136 782	74 916	54.77

资料来源：中国统计年鉴

① 国家统计局：中国城市化率（1949—2013 年）统计数据。

随着我国城市化进程的不断推进，我国农业人口在总人口中的比重不断下降，农业劳动力在社会总劳动中的比重不断下降。从三次产业从业人口比重变化看，第一产业从业人口，由 1952 年的 83.5%下降至 2013 年的 31.4%，第二产业从业人口，由 1952 年的 7.4%增加至 2013 年的 30.1%，第三产业从业人口，由 1952 年的 9.1%增加至 2013 年的 38.5%（中国统计年鉴，2014）。上述数据表明，新中国成立以来，我国第一产业的从业人员在不断向第二、第三产业转移。此外，由于我国区域经济发展不平衡，经济发展水平呈现东、中、西的依次递减格局。由于东部地区经济发展水平较高，东部地区的城市有着更高的就业机会和社会福利条件，东部沿海地区成为农业转移劳动力的主要吸引地，以东部目的地的迁移人口数量，远多于以中部和西部地区为迁移目的地人口数量，农业劳动力大规模地向东部地区转移是我国城镇化进程中的一个显著特征。

目前，我国已进入全面建成小康社会的决定性阶段，正处于经济转型升级、加快推进社会主义现代化的重要时期，同时也处于城镇化深入发展的关键时期，只有牢牢把握城镇化蕴含的巨大机遇，准确研判城镇化发展的新趋势新特点，妥善应对城镇化进程中的“新二元结构”问题，才能推进我国城镇化的健康发展。

2.1.2　二元结构理论

城乡二元结构概念源于二元结构理论。最初提出的二元结构概念，主要是指二元经济结构和社会结构。20 世纪 70 年代以后，学界和政界对二元结构问题的关注度也不断提高，对二元结构的研究拓展到政治、文化、社会多个领域。

城乡二元结构理论的发展经过三个阶段。

第一阶段是提出二元结构概念。1953 年 J.伯克提出二元结构概念，他考查了原荷兰殖民地印度尼西亚经济、社会状况，认为一些殖民地和不发达国家存在着资本主义工业经济和前资本主义的传统农业经济并存的社会现象，而前资本主义体制中人们的需要是有限的，他们从事生产主要是为了满足自己直接的生活需要，对价格、货币刺激的反应也完全不同于资本主义部门，也就是说，这些国家的传统农业经济运行状况，不同于资本主义制度下的现代工业经济运行状况。所以，发展中国家改良前资本主义农业，不能简单沿袭西方的路子，而必须根据二元结构的特点，积极稳妥地进行。尤其要重视改变人们传统的行为方式和其工作态度。

第二阶段提出了二元经济结构理论。二元经济结构理论的核心是被后人熟称的"刘易斯拐点"。刘易斯认为在前资本主义生产条件下,传统农业部门的边际生产率为零或成负数,劳动力的供给几乎是无限的,而城市与农村存在着劳动力价格的较大落差,这种落差将随着农业人口向城市转移而逐步消失,当这种落差完全消失时,二元经济结构也将消失。

第三阶段提出了二元经济结构演变理论。学界从动态角度进行分析,系统阐述了传统农业劳动力向工业部门的流动过程的三个演化阶段,提出了拉尼斯一费模型。戴尔·乔根森在此基础上进一步提出农业剩余的规模决定着工业部门的发展和农村剩余劳动力转移的规模。农业产量的盈余对经济增长具有决定性作用。托达罗则提出了农村劳动力向城市迁移决策和就业概率劳动力流动行为模型,他认为不发达国家的人口流动,是在农村劳动力没有剩余这一条件下流动的,流动的结果是不仅城市失业人口大量增加,而且导致农村劳动力严重不足进而影响农业的发展。

综上所述,20 世纪 50 年代以来,伴随着世界各国对经济增长模式和现代化道路的关注,二元结构的概念和理论,逐步形成、发展和完善,二元结构理论为分析城乡二元结构问题提供了重要的理论分析框架。

2.1.3 我国城乡二元结构演化

我国城乡二元结构的形成可以追溯到近代。1840 年以来,资本主义的入侵打破了中国自给自足的农业经济,资本主义工商业萌芽开始在城市缓慢生长,这些工商业的形成与发展,为我国工业发展积累了最初的物质资本,带来较为先进的工业技术,培育了一批早期的产业工人。19 世纪 60 年代兴起的洋务运动,一批近代工业诞生,与此同步早期的学校教育、电报邮政、轮船运输等服务业也发展起来,沿海城市也逐步形成了较为完整的工商业体系。当时,具有一定消费能力的人群逐渐向城市迁移,无生产资料和物质资本的人们大多留在农村从事农业生产。清代后期,官方或民间派出的留学生,带来发达国家较为先进的工业技术,这些人才与技术大多留在城市,应用于城市发展,城市与农村的差距逐渐拉大。

民国时期,虽然国家处于战乱之中,但是随着工业技术的日益进步和交通运输的发展,工业依然缓慢进步,城镇化进程也持续发展,尤其是我国东部沿海地区的城市和一些重要省份的中心城市得到了较快发展,而同期,我国的农村却没有任何变化,依然是传统自然经济为主体的小农经济,农业的生产力水平极为低下,我国的城乡经济社会发展的差距进一步拉大。

1949 年中华人民共和国成立，工农联盟的政权从政治上和利益上将城乡关系联系在一起，为我国城乡共同发展奠定了基础。当时，我国农村人口占到总人口的 89.36%，城市人口仅占 10.64%。新中国建立后，为了把一个农业国建设成为一个现代化的工业国，我国政府提出了工业优先发展战略，为保证以低廉成本支持工业部门生产产品。国家控制农产品价格，农产品价格低于工业产品的价格。同时，通过城市单位制、人民公社制度，农产品统购统销制度、农业税收制度、就业指导、粮油供应制度、住房制度等一系列制度和政策，确保工农产品之间"价格剪刀差"的实现，这种"以乡托城"的城乡二元分割结构逐渐形成并不断巩固。城乡二元分割结构迫使农民被约束在土地上，实行手工业劳动，为国家提供价格低廉的农产品，以在封闭的国际环境下，获取相对较高的剩余价值，完成国家工业化的积累。

1956 年 12 月 30 日，国务院颁布了《国务院关于防止农村人口盲目外流的指示》文件，1957 年 3 月 5 日又颁布了《国务院关于防止农村人口盲目外流的补充指示》这两个文件表明我国已经开始通过制度安排，阻止城乡劳动力的流动。1958 年 1 月 9 日，全国人民代表大会通过的《中华人民共和国户口登记条例》明确将所有人口区分为"农业户口"和"城镇户口"两种不同的户籍，限制了两种人口的自由迁移。户籍制度的建立，强化了居民在城镇和农村之间的区分，人口迁移受到政府管制与控制，使得城乡二元结构制度化。从 20 世纪 50 年代到 70 年代末，在严格的户籍制度管控下，我国的城乡二元结构不断固化，严重阻碍了我国的城市化进程，同时也阻碍了我国农业现代化发展。

1981 年，我国对农村劳动力到城市就业的限制开始有所松动，农村人口可以进城务工，从事非农产业，城市也开始扩大企业自主权，改革劳动就业制度，长期的城乡二元结构格局开始被打破。

2.1.4　我国城乡二元结构特征

长期以来，二元结构问题的研究集中于农业部门与工业部门，由于农业主要集中于农村，工业一般集中于城市，研究者也将二元结构称为城乡二元结构。所以，城乡二元结构一般是指以社会化生产为主要特点的城市经济和以小生产为主要特点的农村经济并存的经济结构。

在发展中国家，城乡二元结构表现为在传统农业经济向现代工业经济过渡的历史进程中，必然出现农村相对落后的生产和生活方式与城市不断进步的现代生产、生活方式之间的不对称的组织形式和社会存在形式。发展中国家的现代化进程,可以说在很大程度上是要实现城乡二元结构向城乡一元结构的转换。

在我国,城乡二元结构主要表现在生活、生产方式的差异、公共资源供给水平的差异、农村居民和城市居民身份的差异三个方面。从生活、生产方式角度看,城市经济以现代化的大工业生产为主,而农村经济以传统的小农经济为主;城市人口空间集聚度高,而农村人口空间离散度高;城市市场化程度高,农村主要还是自然经济;城市的人均收入水平和消费水平较高,而农村人均收入水平和消费水平较低。从公共资源供给水平角度看,城市交通、通信、卫生和教育等公共基础设施发达,而农村公共基础设施落后;城市基本公共服务供给水平较高,农村基本公共服务供给水平相对较低。从居民身份角度看,城市人口迁移自由度较高,城市人口向农村迁移不受限制,农村人口迁移自由度低,农村人口向城市迁移受到严格限制。

我国城乡二元分隔危害在于:①城乡二元分隔造成一系列的社会问题,如贫富差距扩大、地区发展不平衡、城乡文化素质差距的扩大等,成为影响和制约我国现代化进程重要障碍。②城乡二元分隔使得农产品市场难以扩张,农业生产难以持续增长,农民收入的增加受到严重影响;城乡二元分隔还使城乡居民收入水平与消费水平的差距不断拉大,农村消费品市场有效需求不足,影响与需求有关的产品供给结构,从而影响与产品供给有关的产业结构的发展。③城乡二元分隔阻碍了市场经济的发展,城乡之间筑起了一道道资金、市场、技术、劳动力等壁垒,阻碍了生产要素在城乡之间流动,进而影响整个国民经济的协调发展。④城乡二元分割造成农村居民受教育机会的不平等,进而造成居民整体素质的差异和就业机会的不平等,而就业的不平等又造成了收入的不平等。这种状况持续下去,造成不平等代际转移。⑤城乡二元分隔也造成城乡之间、工农之间、贫富之间、干群之间及国家与农民之间的矛盾,构成我国社会经济和政治发展中的结构性障碍。

2.2 “新二元结构”概念界定

2.2.1 “新二元结构”的概念

“新二元结构”是我国城市化进程中新出现的一种社会结构。由于我国长期实行城乡分割的户籍制度,加之城乡二元结构尚未消除,在放开农村剩余劳动力向城市转移限制的前提下，一方面城市工业的快速发展需要大批廉价劳动力，城市较高的劳动力价格吸引农村劳动力流入城市，于是大批农民进城务工，我国出现了“民工潮”。另一方面，进入城市的大批农村进城务工人员无法获得城市户籍，因此也就无法享受与城市户籍居民同等的政治、经济、社会权利，而且长期的城乡二元分割，也使他们难以适应城市的生活方式，于是城市中出现了户籍居民和非城市户籍的居民两种社会群体，而且两个社会群体之间存在“社会排斥”①。

据此，可以得到这样的结论：“新二元结构”是在我国城市化进程中，因城乡二元结构和户籍制度所形成的，非城市户籍的外来务工人员与城市户籍居民之间二元分割的社会结构。

首先，“新二元结构”是我国城市化进程中特定发展阶段的产物。大规模农业劳动力向城市转移，必然造成城市公共资源的巨大压力，城市原住民与外来务工人员之间必然产生潜在的或显性的利益冲突，形成群体性的社会排斥。

其次，“新二元结构”是我国城乡二元结构的特殊形态。城乡二元结构是城乡之间的分割，“新二元结构”是城乡二元结构在城市中的特殊表现，是城市人口与农村转移人口之间的分割和排斥，可以通俗地说是城里人和农村人之间的相互排斥，究其根源依然是城乡二元结构问题。所以，只有我国城乡二元结构消除了，“新二元结构”问题才能得到有效解决。

再次，“新二元结构”是以我国的户籍制度为表征的。“新二元结构”作为一种特定的社会结构，是以户籍制度为基础的。虽然，没有户籍制度，我国城市化进程中的群体性社会排斥依然存在。但是，户籍制度使这种群体分割明晰化，固化了，户籍制度是城市户籍居民与非城市户籍居民之间二元结构的制度保障。

综上所述，“新二元结构”是我国城市化进程中必然出现的一种社会结构，我国的城乡二元结构和户籍制度是产生“新二元结构”的社会条件。

2.2.2 “新二元结构”形成原因

我国“新二元结构”问题是随着经济体制改革的逐步推进，城市化以及工业化的

① 关于非城市户籍居民的名称，目前有多种表述：流动人口、外来务工人员、农民工等，本书采取非城市户籍居民或非城市户籍外来务工人员的表述，理由是，农民工有贬义含义，流动人口表述不精确，外来务工人员含义太泛，所以本书采用非城市户籍居民或非城市户籍外来务工人员的表述。

不断深入，农村剩余劳动力大量向城市转移的过程中，出现的一种新的社会现象。“新二元结构”问题的形成主要有以下原因。

第一，“新二元结构”问题由我国经济发展阶段所决定。20 世纪 90 年中后期，全国特大型城市经济快速发展，不断壮大的工业体系需要大量的劳动力来支撑，农村剩余劳动力开始逐步向城市转移，满足城市劳动力需求。在经济发展过程中，城市户籍居民与外来务工人员之间在收入水平、社会保障水平、各项社会福利待遇水平的差距持续扩大。城市户籍人员与外来务工人员之间矛盾等不断突出，形成特定经济发展状况下“新二元结构”问题。

第二，我国劳动力区域分割是导致“新二元结构”的客观原因。我国制造业主要是在东部地区，而广大劳动力人群则在中西部地区。中西部地区的剩余劳动力迁移至东部地区，支持东部地区的经济发展建设，这些人群在城市中集聚起来，他们原有的生活方式以及观念等都与城市人群不同，在城市中生活、工作面临公共服务资源缺乏，所付出的劳动和所获得的报酬不均等，必然在城市中出现城市户籍居民与非城市户籍的外来劳动人群之间的“二元对立”问题。

第三，户籍制度是导致“新二元结构”的制度壁垒。我国的户籍制度是分割城乡之间二元结构的重要因素，同时，它也是导致目前城市中“新二元结构”的主要因素。城市中公共服务享受的重要划分依据是户籍，有城市户籍与没有城市户籍在公共服务中的差别很大。外来人员基本都没有当地城市户籍，因而在享受社会机会如就业服务、社区福利、社会保障、子女教育等方面与城市户籍居民之间存在很大差别。户籍制度将外来人员公共服务资源固定在当地，主要是农村地区，而他们在城市中参加劳动，是城市的建设者，他们同城市户籍人员同样从事城市建设工作，甚至从事一些城市人员不愿承担的具有基础性和危险性的工作，同时也是合格纳税人。但是城市在供给公共服务的时候，将外来人员排除在外，或者他们只能享受到水平较低的社会资源、公共服务，这对他们来说，权利与义务是不均等的。

2.2.3 “新二元结构”问题

我国城市“新二元结构”问题存在以下诸多表现形式：

第一，政治权利难以得到保障。非城市户籍居民在城市租房居住，长期从事低收入工作，没有城市居民身份，在城市中被边缘化，缺乏表达意愿的机会和渠道。非城市户籍居民的选举权与被选举权难以得到切实保障，政治参与门槛高，在城市中遭遇政治排斥。政治权利的缺失导致非城市户籍居民主人翁意识较差,无组织性。对政府公共事务的信息了解匮乏,难以发声和得不到重视,其个体随意性较强,使得在城市中生活多年仍感觉被游离在外。非城市户籍居民其流动性较大,经济能力较差、受教育程度低、社会地位较低、政治意识和素养较低,使其参与政治活动具有一定难度,因其在城市生活,同样也丧失了在家乡参与政治活动的可能性,使得非城市户籍居民政治参与意识冷漠,游离于组织之外,失去政治约束,导致一些违法事件的发生。

非城市户籍居民政治参与难的原因主要是缺乏相应的组织,可以是政府组织,也可以是非政府组织。以上海为例,在社区中,目前居委会的管辖范围是本地的城市居民,非城市户籍居民由平安工作站管理,这些管理仅涉及非城市户籍居民的迁入迁出登记,并无其他。基于效率的理由,非城市户籍居民政治参与需要依附相应的载体,此载体不仅是管理非城市户籍居民的有效机制,同样是非城市户籍居民表达自己政治诉求的发声器。这个载体可以是社区管理者、行业协会还有劳务派遣公司。

第二,消费水平差异导致消费市场难以融入。非城市户籍居民收入较低,本身职业技能缺乏,在就业过程中难以寻得收入较高工作,容易受到就业歧视,只能从事低端、体力劳动,工作本身辛苦,且缺乏保障,使其生活比较艰辛。因工作灵活性较大,外来人员的收入一般没有保障,且缺乏正规的就业保障措施,拖欠工资行为时有发生;外来务工人员一般从事城市底层工作,大多从事建筑、清洁等,这些工作危险性较高,但缺乏基本的安全保障,一旦发生事故,对非城市户籍居民家庭和经济的打击是致命的;非城市户籍居民从事的劳动一般是对身体状况有害的,各种职业病和工伤等事件在外来人员中经常发生;社会保障权益缺失导致工作中受到伤害后,不能依靠国家和社会的力量来使自己走出伤害,反而家庭会因此陷入严重的经济危机中。在经济水平上的差异,导致非城市户籍居民很难与本地居民有心理上的平等感。在消费过程中往往只能消费其价格低廉的物品,而由于消费市场一般是同等档次的商品集聚在同一市场中,因此,非城市户籍居民的商品消费场所集聚在同一个地方,导致非城市户籍居民与城市人员消费路径分割,活动场所分割,难以实现相互融合。

非城市户籍居民因在城市生活,没有自有土地,无法像农村进行耕地劳动,耕种所需蔬菜和农作物,消费支出一下子升高,衣食住行等各个方面的支出与农村差别很大。“调查发现，非城市户籍居民家庭在上海的月平均消费，500 元以下的累积频率为 35.1%，500 元到 1 000 元的累积频率为 39.1%；即 74.2%的家庭都是月平均消费在 1 000 元以下。家庭平均月消费额为 970 元，上海居民人均月消费支出为 1 148 元(上海统计年鉴，2006)，如果家庭结构按照最简单的三口之家计算，则平均家庭月消费量为 3 444 元。说明仅上海市居民个体的消费支出就远大于外来人口家庭在上海的月平均消费量。”①

消费行为、消费水平与城市居民的差异，使得非城市户籍居民与本地居民更加割裂开来，二元分割现象更为明显，逐步提高非城市户籍居民工作报酬，提升非城市户籍居民消费层次，使得非城市户籍居民与本地居民在消费习惯上差异逐步缩小，减少非城市户籍居民融入城市的阻碍。

第三，社会保障水平差异。非城市户籍居民的社会保障参与程度比较低，一些企业不给非城市户籍居民参加社会保险，参加保险只参加一部分，不会五个险种一起参加。一些地方出台了一些关于社会保险以及最低生活保障制度的法律法规，一些政策制定一些原则性规定，并无具体的操作细则，在具体执行上大打折扣。根据相关数据，2010 年，一些地方非城市户籍居民参与社会保险的人数出现负增长，非城市户籍居民因为流动性较大，其社会保险关系的转移接续情况较差，使得其社会保险有名无实，难以发挥保障作用。

社会保障制度的初衷在于解决劳动者的后顾之忧，而主要从事基础性、危险性较高的外来人员，他们的保障措施确是最缺失的。导致社会保障制度缺失的原因主要有外来人员一般流动性较大，无法长期固定在同一单位工作，单位倾向于不参保和少参保来减少成本，而最需要劳动保护的是这些从事安全、环境保障程度较差的外来工作者。因此社会保障制度的保障力度应该向非城市户籍居民倾斜，来保障他们作为劳动者的合法权益，建立全国统一的社会保障制度也是迫在眉睫需要稳步推进的工作。

以上海市为例，上海市户籍人口的社会保障制度除了社会保险，还包括社会福利制度、最低生活保障制度、社会救济、民政福利等其他方面的福利，而非城市户籍居民只能享受单位提供的部分社会保险，并无其他保障。据调查，目前上海市部门公共卫生服务并未覆盖到非城市户籍居民。非城市户籍居民生了大病，由于城市医

① 孟庆洁.上海市外来流动人口的生活方式研究[M].上海：社会科学院出版社，2009.

疗保障权利的不健全，城市医院高昂的医疗费用使他们望而却步，他们一般会选择回到自己家乡医院进行治疗，来回的车费以及耽误工作所失去的工资，对非城市户籍居民来说是一笔不小的开支。

2011年5月浙江省统计局调查队针对非城市户籍居民基本状况进行专项调查，这次调查采用随机起点等距抽样法，选取杭州、宁波、温州、台州四座城市2617名非城市户籍居民，运用现场问卷调查的方式进行调查，共回收有效问卷2409份。这次调查数据显示，参加社会保险的非城市户籍居民约占外来人口的92.6%，其中，参加综合保险的人数约占84.3%，参加城市保险的约占2.1%，非城市户籍居民中参加新型农村合作医疗的人数约占调查人数的35.63%，参加新型农村社会养老保险的人数约占11.2%，参加商业保险的非城市户籍居民约占4.65%，没有任何社保的人数比例为7.4%。① 非城市户籍居民所具有的社会保障的保障范围有限，保障水平低下，与国家要求的社会保障水平有一定的差距，非城市户籍居民基本生活的保障有待提高。

第四，住房问题。非城市户籍居民进入城市工作，从上面数据中我们看到，有43.4%的外来人员没有住房，需要自己租房，而上海市房价很高，相对非城市户籍居民的收入来说，房租支出是一笔不小的开支，因此，非城市户籍居民一般选择价格低廉但住宿条件很差的房屋进行租住，这对非城市户籍居民的身体状况都会造成伤害。

非城市户籍居民寄宿亲友家中的比例非常低，大多数非城市户籍居民没有城市社会关系，只能在最低成本下租住房屋，“在这里我们用每户人均住房建筑面积指标来衡量，被调查人的人均居住面积是9.63平方米，10平方米以下的累积百分比达到74.5%。而2005年上海市区的人均居住面积达15.5平方米，闵行区人均居住面积达到21.2平方米（上海统计年鉴，2006）。”②外来人员居住环境密度较高，居住条件简陋，家居设备不齐全。

---

① 汪本学，毛慧青，高国栋，张海天.缓解“新二元结构”问题的制度与政策研究——基于杭州、宁波、温州、台州四城市外来农民工的调查[J].农村经济，2013(3).

② 孟庆洁.上海市外来流动人口的生活方式研究[M].上海：上海社会科学院出版社，2009：123.

表 2－2 上海市外来人员住房情况调研

	人数	比例(%)
提供住房或全部房租	512	24.10%
提供定额房租	181	8.5
不提供	922	43.4
本人为雇主	511	24
总　计	2 126	100

资料来源：孟庆洁.上海市外来流动人口的生活方式研究[M].上海：上海社会科学院出版社，2009：94－95.

第五，婚姻与家庭问题。非城市户籍居民离家在城市工作，大部分人员孤身一人来城市打拼，无固定工作和住所，很多适婚人员无法找到合适伴侣，工作地与本身家庭距离较远，在家寻找配偶的可能性降低。“流动人口家庭化，在促进社会经济结构变化的同时，其实也是尽可能地减轻流动人口对社会造成的可能的冲击和震荡。流动人口家庭化，也可以在很大程度上约束流动人口的行为，规范生产经营和日常生活活动的言行举止，家庭是社会的稳定剂，流动人口家庭化，使得流动人口在城市中产生归属感，对城市的认同度会提高，社会仇视心理会减少，这样就可以降低外来流动人口的犯罪率。”①

第六，社会融入问题。社会融入是从经济、政治、社会、制度、文化以及心理层面等来实现融入的。社会融入有“同化论”和“多元论”两大流派，同化论是指对原有的社会文化传统和习惯的抛弃，而对当地文化的认同和接受，潜移默化中自己受到当地文化熏陶，自然而然接受并融入其中。多元论则强调不同的种族或团体间保持差别的文化权利。

在城市化进程中，大批非城市户籍居民进入城市，他们从自己居住了几十年的农村搬移到城市中，面对城市文化，总是产生一定的却步心理，对于环境的陌生以及文化的隔阂，很难一下子融入其中。非城市户籍居民身心受到阻隔，他们宁愿和来自同一个地方的老乡待在一起，不愿跨出融入城市这一步，迈进城市人的生活圈中，文化习俗、思想观念、语言习惯等等各方面的差异，使得外来人员社会融入面临巨大

① 孟庆洁.上海市外来流动人口的生活方式研究[M].上海：上海社会科学院出版社，2009：49.

问题，找不到"归属感"的非城市户籍居民只能继续过着独立的生活，好像永远游离于城市边缘。

对于非城市户籍居民，社会融入可能是长期最难以抚平的沟壑。他们的观念、语言、风俗习惯、生活方式、行为方式等等方面，都与城市居民存在差异，城市居民不适应外来人员本身所带来的生活习惯，外来人员也无法快速使用城市的生活方式，这对于非城市户籍居民与城市户籍居民的相互融合是一件很困难的事情。在非城市户籍居民的社会交往对象中，大部分是自己共同工作类型、共同原户籍地的人们作为交往对象。一些非城市户籍居民吃住都在工地，与城市文化生活割裂开来，生活方式单一，形成较封闭式的生活状况，对于融入城市生活更是难上加难。

非城市户籍居民与城市户籍居民面临文化差异。文化差异不仅存在于国家与国家之间，一国之内的地区与地区之间也存在很多文化差异。很多时候人们把它们理解为风俗习惯的不同，但是更深层次的不同在于，不同地区成长出来的人也是不相同的，用一句俗语表示就是"一方水土养一方人"。一个地区，它所形成的生长氛围，它所推崇的价值观念，它所拥有的文化内涵，都与其他的地区有着差别。非城市户籍居民在城市中的聚居行为正体现出"人以群分"的特点，在固定的、熟悉的、常规化的生活圈子里，非城市户籍居民会觉得和以前差别不大，交流沟通比较顺畅，但是他们所面临的问题是城市新环境以及新人群，融入城市是为了更好地在城市获得发展使生活更美好。

非城市户籍居民融入本地的文化生活中也存在这样一个问题，本地的生活文化以及圈子是一个强文化，非城市户籍居民一般按照自己的小圈子在生活，他们基本上不会主动融进本地人的生活圈子里去，因为一般这样做会很耗费他们的时间和精力，而且这是一个需要长期来适应的事情，所以他们并未主动去做，而政府在这块缺少相关的政策引导，情况使得流动人员像个城市中的"过客"一样。

第七，教育问题。非城市户籍居民的子女教育也是一个突出的问题，非城市户籍居民家庭来城市工作后，一般只能选择"农民工"子弟学校，不能享受公平的教育机会，不少人游离在正规教育之外，导致教育质量下降，带来社会不稳定因素。多少人梦想通过教育来改变自己和后代的命运，但是，教育质量不高，使得这一梦想难以实现。

以上海市为例，"抽样调查显示，非城市户籍居民中，有 54.5%的非城市户籍居民拥有18岁以下的未成年子女”[①]，非城市户籍居民的子女因“居住证”等原因，一般主要是在家乡学校读书为主，在上海读书的，也一般只读到初二或者初三，然后回到户籍所在地读书.在上海读到初中毕业，只能考上海的职校等，无法考进高中。希望能够读取高中的学生必须回户籍所在地参加中考。上海学校在招生时，初一招生规模较大，到初二时减少，到初三时更加少，造成生源不稳定，也影响学校正常教育的开展。

上海公办幼儿园、学校数量有限，在容纳本地生源的情况下，接收一定的外来人员子女，外来人员在选择学校时，倾向于选择价格低廉的学校，如同“洼地效应”，入学费用低廉的学校会吸引一大批外来人员的子女来入学，而当外来人员子女增多时，本地生源便不愿继续在这所学校求学，他们倾向于在基本都是城市生源的学校上学。因此，本地学生转学，使得学校外来人员子女的比重进一步上升，学校的主要教学对象变成外来人员子女，教育资源的配置也会根据外来务工人员子女学校的性质来配置，导致教育失去公平性。

第八，就业服务。以上海市为例，上海市正在逐步完善非城市户籍居民就业方面的相关政策，如2006年起建立公益性外来人员就业服务中心、2008年起将就业满6个月的来沪人员纳入本市失业登记管理范围、免费为非城市户籍居民提供失业登记服务。户籍人口与非城市户籍人口在就业服务享受方面存在一定的差距。政府鼓励户籍人口就业，在同等条件下，政府通过补贴用人单位雇佣本地户籍人口，而非城市户籍居民在就业中处于劣势地位，并无这一政策的优惠。上海市各区县建立外来人员就业服务及信息提供，但是非城市户籍居民就业服务机构与本地户籍人口的就业服务机构之间存在很大的差别。本地户籍人口享受各种就业培训机会，而这一福利优惠并未覆盖到广大的非城市户籍居民。

2.3 “新二元结构”问题特征

我国“新二元结构”问题有着诸多表现，也诱发了许多社会矛盾。“新二元结构”问题特征主要体现在以下几个方面：

首先，我国现行的户籍制度将城市户籍人口与非城市户籍的外来人口划定为不

① 顾海英.现阶段“新二元结构”问题缓解的制度与政策[J].管理世界，2011(11)：55－65.

同的身份，进而分割成两大社会群体：城市户籍居民和外来非城市户籍居民。而且，城市许多社会权利和资源依据户籍才能获得，这种由户籍制度导致的制度性社会隔离，不仅剥夺了外来非城市户籍居民社会权利，严重阻碍了外来务工人员社会融入，而且降低了外来务工人员对城市的社会认同。

其次，城市户籍居民和外来非城市户籍居民之间公共资源供给的不均等形成了两大利益群体。在我国现行的户籍制度下，城市公共资源配置主要是以户籍为依据的，附加在户籍上的各种公共福利资源，使城市户籍居民公共福利资源获得明显优于外来非城市户籍居民。城市户籍居民和外来非城市户籍居民之间的公共资源配置不均等，使城市非城市户籍居民，尤其是农村进城务工的“农民工”生活条件普遍低于城市户籍居民，这不仅使城市户籍居民获得不应有的优越感，也使城市非城市户籍居民产生自我防卫心理。

再次，非城市户籍居民进入城市后，基于社会资本引导，他们在空间上聚集，在利益上共鸣，形成了特殊社会群体。进城务工的非城市户籍居民面对物质和精神方面的双重困境，往往通过自己的社会支持网络，克服城市生存发展中所面临的各种问题。因此，绝大多数外来务工人员都是在亲戚、朋友、熟人的介绍下进城务工的。然而由于收入水平、社会地位以及交际空间的局限，大多数外来务工人员的社会支持网络规模都很小，而且具有高度的同质性，即主要由近亲、同乡、工友和邻居构成。这种社会支持网络能够动员的资源相当有限，而且有较强的封闭性，使外来务工人员处于相对的孤立状态，难以获得更广泛的社会帮助和情感支持。传统的农村生活方式和现代城市生活方式之间的巨大差距、文化隔阂导致外来务工人员对城市缺乏归属感和文化价值认同。

最后，我国城市居民的许多政治权利是和户籍挂钩的，这就必然导致城市户籍居民和外来非城市户籍居民两大社会群体之间政治权利获得差异。外来务工人员难以获得城市户籍居民所拥有的选举权和被选举权，而且也缺乏有效的利益诉求机制，使得外来务工人员利益受到侵害时，不能获得必要保护，往往通过非正方式，引发社会矛盾激化。

我国城市“新二元结构”的上述种种表现，导致城市户籍居民和外来非户籍居民之间社会群体性隔阂，制度性和非制度性社会排斥大量存在。

我国特大型城市中，“新二元结构”问题表现尤为突出。由于特大型城市就业机会多，公共资源和相对丰富，发展环境相对较好，所以我国北京、上海、广州等特大型城市，外来人口的增长速度最快。由于特大型城市的郊区是制造业相对集中地区，而且生活成本相对比较低，所以60%以上的外来务工人员集中在城市郊区。城市郊区的“新二元结构”问题尤为严重，社会群体性利益矛盾和冲突比中心城区也严重得多。

在20世纪90年代后，伴随着我国工业化和城市化进程，农民的流动越来越频繁，农村人口开始大量涌入城市中，在城市形成一批批“民工潮”。“新生代农民工”与土地并无多大关联，未参加过农业生产活动，天然地在城市中就业谋生，城市是他们赖以生存和发展的地方，但是他们却没有城市户籍，与他们的父辈一样成为城市中“二等公民”，“新生代农民工”的社会排斥心理远比他们的父辈强烈的多，他们引发的社会矛盾也激烈的多。

第 3 章　“新二元结构”问题形成的社会机理

“新二元结构”问题是我国城市化进程中特定历史发展阶段的必然现象，它的产生有其特有的形成逻辑和深刻的社会背景。本书从制度因素和社会因素两个维度，分析“新二元结构”问题形成的社会机理。

3.1　“新二元结构”问题形成的社会因素

“新二元结构”是我国城化进程中新出现的一种社会结构。从社会的视角讨论“新二元结构”问题的形成机理，要从分析城市社会结构变迁入手。社会结构(social structure)是一个被广泛使用的概念，但是，迄今没有一个明确的定义。一般认为社会结构是指一个国家或地区占有一定资源、机会的社会成员的组成方式及其关系格局，包含人口结构、家庭结构、社会组织结构、城乡结构、区域结构、就业结构、收入分配结构、消费结构、社会阶层结构等若干重要子结构，其中社会阶层结构是核心。

在我国工业化、城市化进程中，“新二元结构”问题反映了我国城市社会结构变化。本书从城市人口结构、就业结构、收入结构、消费结构四个方面分析“新二元结构”形成的社会因素。

3.1.1　人口结构变迁

1）我国人口结构变化

人口结构一般指一定地域空间，一定时间内人口总体中不同属性或要素之间的比例关系。狭义上的人口结构仅指人口的自然属性结构如年龄、性别结构等；而在广义上，还包括素质、空间分布、族群、职业分布等社会属性结构。

人口结构的变化往往是社会结构变化的前提。1978 年改革开放前，我国实行严格的人口户籍管制和计划经济体制，农村剩余劳动力被束缚在土地上难以自由流动，城乡之间、区域之间的人口流动性小，城市内部的人口自然结构和社会结构变化不大。

改革开放以后，随着我国经济体制改革的不断深入，大量的农村剩余劳动力流入城市“打工”，城市外来人口数量急剧攀升。这一方面是因为改革开放推动着经济快速发展，我国经济的长期繁荣创造了大量的就业岗位；另一方面我国城乡二元结构使农产品价格低于工业产品，农业劳动力价格大大低于工业，国家对农业和农村的投入低于工业和城市。城乡经济社会发展水平之间巨大落差，如同一个强大的磁场，吸引着全国各地的农村劳动力，涌入大大小小的城市中寻找打工机会。

2）我国人口结构变化特征

农业劳动力向城市转移，造成了我国城乡之间、区域之间的人口流动规模持续增大。我国的人口流动性具有鲜明特征：其一，由于我国长期实行严格的户籍制度，农村劳动力受制度约束难以进入城市就业，改革开放一旦打破了人口流动制度限制，农村劳动力大规模涌入城市，并呈现爆发式增长，甚至出现了“民工潮”现象。其二，我国1978年开始的改革开放，实施了东部沿海地区率先发展战略，这就使得原本就存在的东部和中西部地区的经济社会发展水平差距，进一步拉大了。区域经济发展不平衡，吸引了大批中西部地区的人口涌向东部沿海地区。其三，我国东部沿海地区工业产业相比中西部地区发达，为农村专业劳动力提供了大量的就业岗位，当然东部地区也获得了大量的廉价劳动力，加快了东部地区发展的资本积累。此外，我国东部地区的一些特大型城市，如北京、上海、广州、深圳等城市，不仅具备了良好的区位优势，而且获得了率先发展的政策优势，这些东部沿海的特大型城市常住人口呈爆发式增长。

3）典型城市人口结构变化

北京市城市常住人口1979年为897.10万，2014年增加到了2114.80万人，增长了1.36倍。北京城市人口从1979至1990年增加了188.9万，平均每年增加17.17万；1990年至2000年，增加了277.6万人，平均每年增加27.76万；2000至2014年，增加了751.2万人，平均每年增加53.66万人（见图3－1）。上述统计数据显示，30多年来，北京市常住人口规模呈现加速度增长趋势。

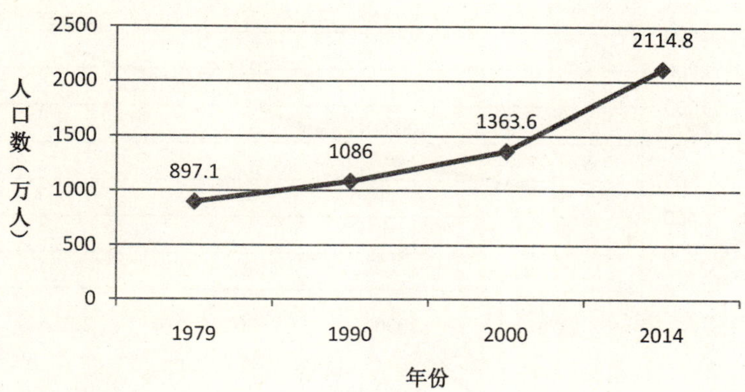

图 3—1 1979—2014 年北京市常住人口增长示意图

资料来源:北京市统计年鉴

同期,上海市城市常住人口 1979 年为 591.45 万,到 1988 年达到 1262.42 万;到 2000 年达到 1640.77 万,到 2014 年达到了 2425.68 万,30 多年增长了 4 倍(见图 3—2)。

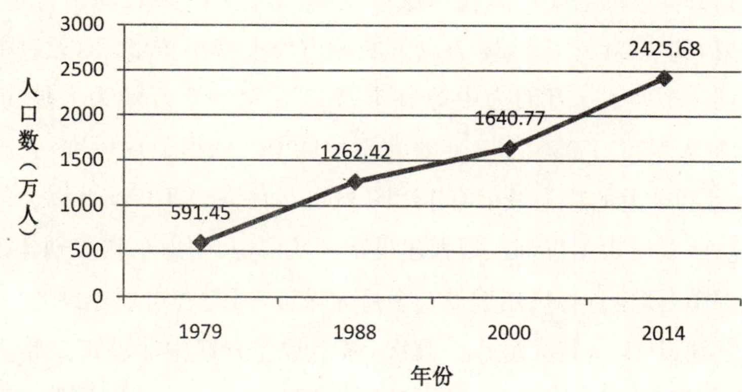

图 3—2 1979—2014 年上海市常住人口增长示意图

资料来源:上海统计年鉴

同期,广州市常住人口规模也处于持续、快速增长态势。1978 年广州市常住人口为 524.44 万,到 2013 年常住人口达到 1292.68(见图 3—3)。

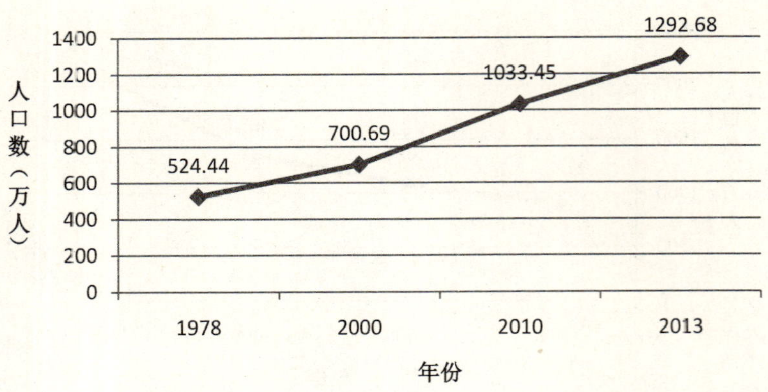

图 3－3 1979 年—2013 年广州市常住人口增长示意图

资料来源：广州统计信息网统计年鉴

城市人口的快速增长，导致了城市内部的人口自然结构和社会结构都发生了重大变化。首先，城市人口规模不断扩大，大中型城市的数量不断增加。目前，我国约有 13.6 亿多人口，其中，7.3 亿为城镇常住人口，城市化率达到 53%。但是，拥有城镇户籍的人口大约为 4.8 亿，仅占 36%。2014 年 11 月，根据国务院发布了《关于调整城市规模划分标准的通知》，将我国城市规模分为五个等级：城区常住人口 50 万以下为小城市，其中 20 万以上 50 万以下的城市为Ⅰ型小城市，20 万以下的城市为Ⅱ型小城市；50 万至 100 万的为中等城市；100 万至 500 万的为大城市；500 万至 1 000万的为特大城市；1 000 万以上的为超大城市。依据上述标准，我国城区常住人口在 500～1 000 万的特大城市有 16 个，城区常住人口 1 000 万以上的超大城市有 13 个。此外，我国很多省都在规划建设特大城市，其中山东省规划建设 5 个特大城市，安徽、湖南、福建省各规划建设 6 个特大城市，河北省规划建设 8 个特大城市，江苏更是规划建设 11 个特大城市。其次，城市常住人口中非城市户籍人口数量快速攀升，城市户籍人口和非城市户籍人口的比例不断上升。东部沿海地区的许多城市户籍人口与非城市户籍人口的比重甚至逼近 1:1。

城市户籍人口与非城市户籍人口比重的上升，使城市人口结构发生变化。例如，北京市 1979 至 1990 年间常住人口由 897.10 万人增至 1 086.00 万人，非城市户籍常住人口从 26.50 万人增至 53.80 万人，非城市户籍人口数占常住人口的比例由 3.04%上升至 5.21%，人口流入率从 2.95%上升到 4.95%，这一时期人口流入规模不大，并未对城市整体运营产生影响。1990 年至 2000 年外来人口流入开始加快，城市常住人口增加了 277.6 万人，而非城市户籍人口由 53.80 万人增加到了 256.10 万人，非城市户籍人口占常住人口的比例增加至23.12%，人口流入率达到了18.78%。也就是说10年中北京市流入人口净增202.3万，常住人口增幅主要是外来流入人口。2000年至2014年北京市常住人口增加了751.2万人，非城市户籍人口增加了546.6万人，非城市户籍人口占城市户籍人口的61.17%，人口流入率为38%，非城市户籍人口呈现爆发式增长态势，如图3－4所示。

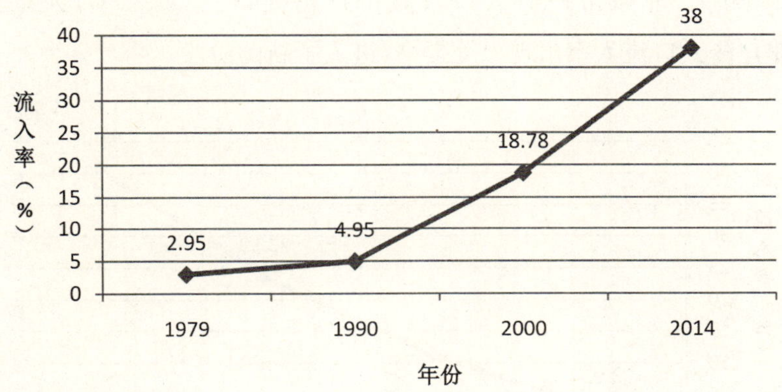

图3－4 北京市1979—2014年非城市户籍人口增长示意图

资料来源：北京市统计年鉴

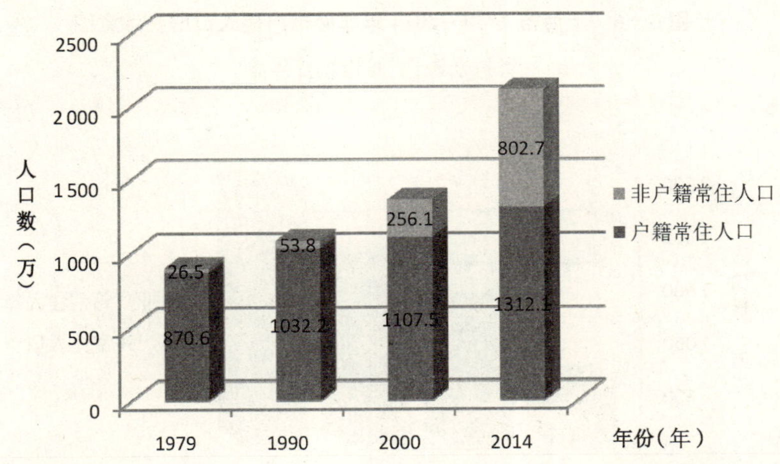

图3－5 北京市1979—2014年户籍人口和非城市户籍人口比例变化示意图

资料来源：北京市统计年鉴

同期，1979年到2014年，上海市非城市户籍人口也呈爆发式的增长。1979年到1988年上海常住人口由591.45万人增长至1 262.42万人，其中非城市户籍常住人口从 17.86 万人增加到了 106.00 万人，非城市户籍人口占常住人口的比例由 3.11%增加至 9.17%，人口流入率由 3.02%增加至 11.17%。1988 年到 2000 年，上海常住人口增加了 378.35 万人，非城市户籍人口增加了 281 万人，非城市户籍人口占常住人口的比例从 9.17%增加到了 30.87%，人口流入率达到 23.59%；2000 至 2014 年，常住人口增长至 2 425.68 万人，其中非城市户籍人口 996.42 万人，户籍人口 1 429.26 万人，非城市户籍人口占城市户籍人口的 69.72%，人口流入率为 41.08%，非户籍人口流入率出现显著提高，进入了新的阶段。

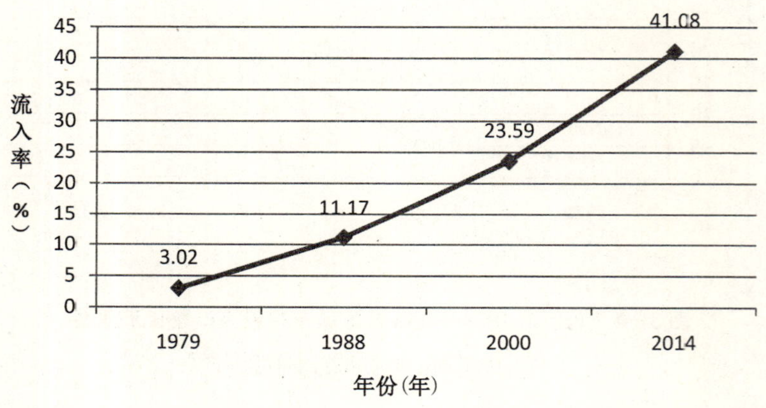

图 3－6　上海市 1979—2014 年非城市户籍人口增长示意图

资料来源：上海市统计年鉴

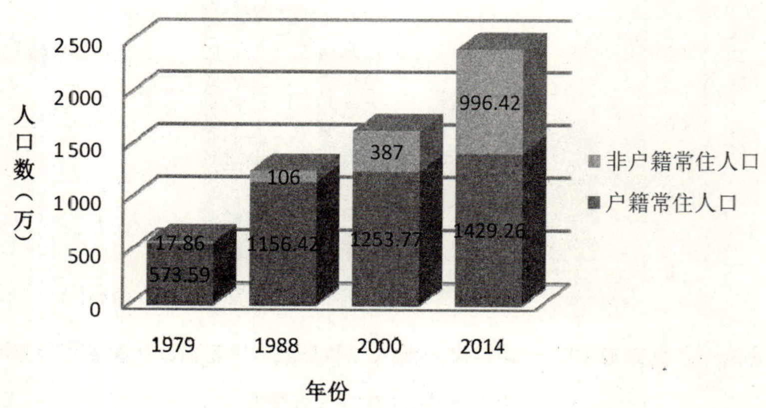

图 3－7　上海市 1979—2014 年户籍人口和非城市户籍人口比例变化示意图

资料来源：上海市统计年鉴

同期，广州非城市户籍人口数量也呈快速升高趋势。1978 年至 2000 年间，常住人口增加了 176.25 万人，非城市户籍人口增加了 212.42 万人，非城市户籍人口增长不快；到 2010 年广州常住人口达到 1 033.45 万人，城市户籍人口达到 804.24 万人，非城市户籍人口达到 229.21 万人，人口流入率为 22.18%。2010 到 2013 年的三年中，广州常住人口增加到了 1 292.68 万人，城市户籍常住人口增加至 832.31 万人，非城市户籍人口增加到 460.37 万人，非城市户籍人口占城市户籍人口的 55.31%，人口流入率达到 35.61%，如图 3－8 所示。

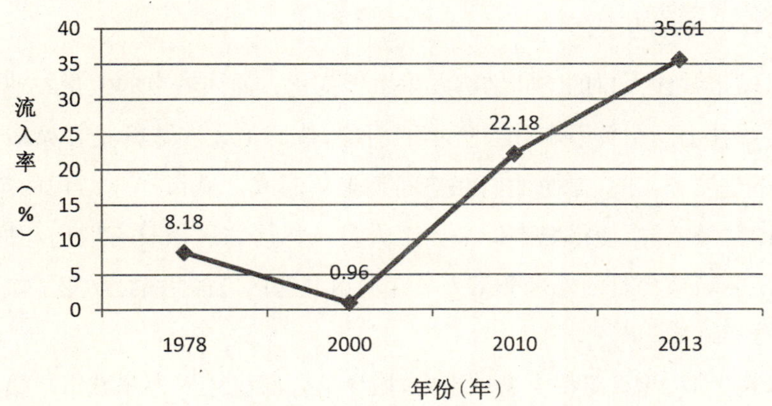

图 3－8 广州市 1979—2014 年非城市户籍人口增长示意图

资料来源：广东省统计年鉴

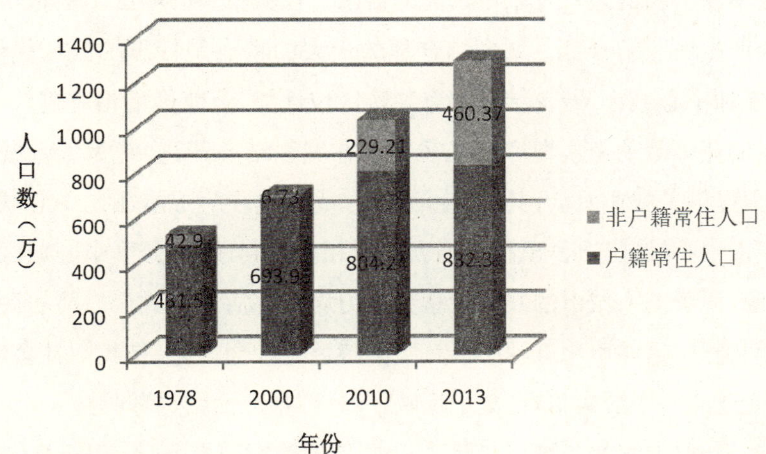

图 3－9 广州市 1979—2014 年户籍人口和非城市户籍人口比例变化示意图

资料来源：广东省统计年鉴

4）人口素质结构变化

城市常住人口的素质结构发生很大变化。由于我国农村的教育资源和教育水平远低于城市，农村人口的受教育程度较低，农业劳动力的文化素质普遍不高。一方面，大批农村人口流入城市，使得城市的整体国民素质下降，影响城市发展；另一方面，由于城市户籍居民的整体文化素质高于从农村进入城市的非户籍居民，城市户籍居民和非城市户籍居民两个群体之间文化素质的整体性差异，成为产生“新二元结构”问题的重要缘由。

5）人口空间结构变化

最后，城市常住人口的空间结构发生重大变化。涌入城市的大量农业转移劳动力，基于传统社会网络关系和社会资本的引导，他们绝大多数都是在亲戚、朋友、熟人的介绍下进城务工的，促使他们在空间上聚集起来。城市产业结构的空间分布，生活成本的区域差异，使得城市外来务工人员选择居住区域具有取向相同的特点，这就造成了非城市户籍的外来务工人员在城市某些区域的集聚，改变了城市人口原有的空间分布结构。

例如，在上海、北京等特大型城市中，城乡结合部往往成为非城市户籍的外来务工人员居住的集聚地。这里指的城乡结合部，主要是指城市和郊区交界区域。城市人口规模的快速扩张，带动了城市空间扩张，城市区划不断将周边的郊区划入城市市区，满足不断增长的人口及城市功能的需求。在城市中心城区不断依次向外扩张中，必然会产生城乡结合部。城乡结合部的最大的特点是特殊的区域优势。其一，相对于远郊和中心城区，城乡结合部有独特区位优势，土地价格相对较低，传统制造业、仓储运输业等劳动密集型产业往往集中在城乡结合部，这就为流入城市的农村转移劳动力提供了就业机会；其二，生活成本，尤其是住房成本相比中心城区要低得多，且离城市中心城区较近，出行交通和生活相对便利，还可分享中心城区公共配套设施与资源，便于流入城市的农村转移劳动力居住生活。非城市户籍居民在城乡结合部的空间集聚，是城市化进程中极具中国特色的社会现象，是我国社会转型、城市社会结构变迁的一个活标本，也集中反映了城市“新二元结构”问题。

以上海为例，上海的非城市户籍人口主要集聚在浦东新区、闵行区、宝山区、嘉定区等城区的城乡结合部。

从图 3－10、图 3－11 可以看出上海非城市户籍人口空间分布状况，以及上海外来人口与户籍人口比值分布。

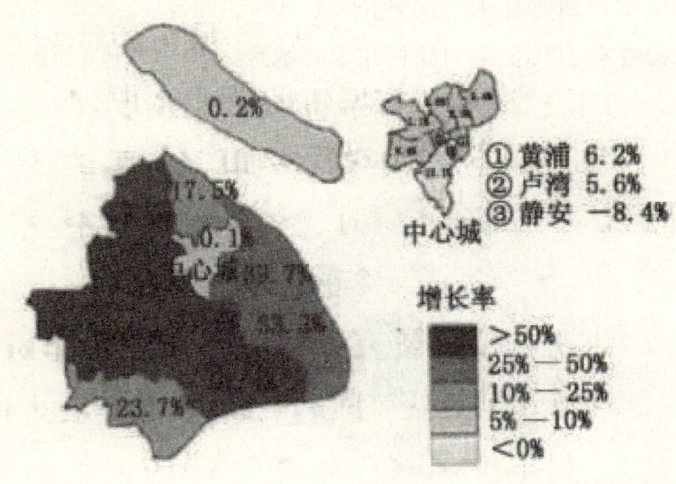

图 3—10 上海市外来流动人口增长率分布(2000—2003))

资料来源:王桂新.上海外来人口生存状态与社会融合研究[J].市场与人口分析,2006,12,(5).

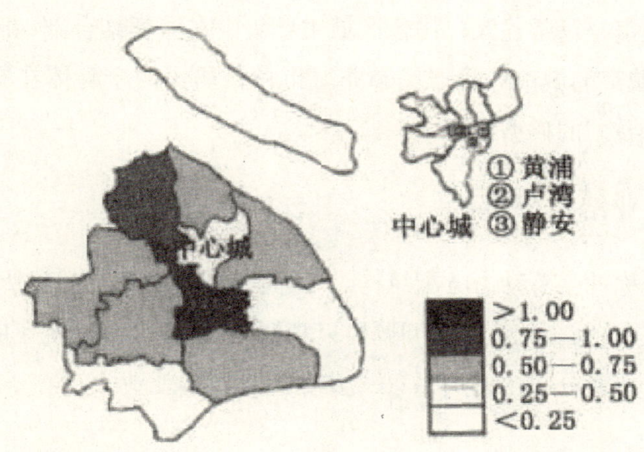

图 3—11 上海外来人口与户籍人口比值分布

注:户籍人口数为2002年末。

资料来源:孟庆洁.上海市外来流动人口的生活方式研究[M].上海:上海社会科学院出版社,2009.

本书依据2013年上海统计年鉴数据,研究了近期上海非城市户籍常住人口区域分布。统计数据显示,非城市户籍常住人口居住区域主要分布在城郊结合部地区。其中,浦东新区、闵行区、宝山区、嘉定区的非城市户籍常住人口达到536.72万人,约占上海非城市户籍常住人口总数的54.21%。此外,非城市户籍常住人口中28%居住在郊区,仅有18%的人口居住在中心城区。如图3-12所示。

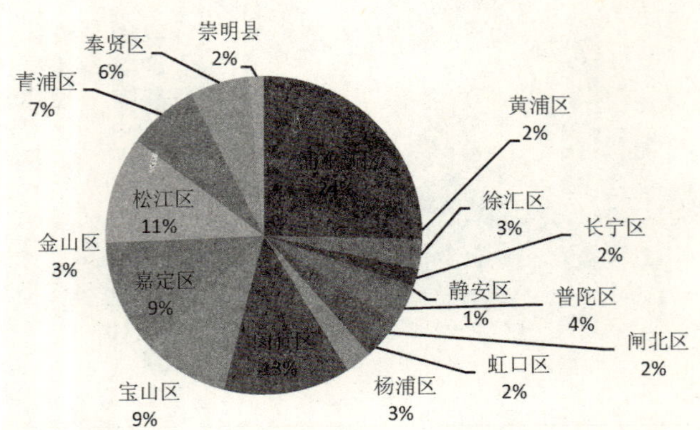

图3-12 2013年上海市非城市户籍常住人口各区分布比例

资料来源:上海市统计年鉴,2014.

82%的非城市户籍常住人口居住区域主要集中在城郊结合部、新兴开发区或郊区,表明特大型城市的城市户籍居民和非城市户籍居民两个群体在空间上分割,这是城市"新二元结构"的典型表现之一。

3.1.2 二元就业结构分析

就业结构又称社会劳动力分配结构,一般是指国民经济各部门所占用的劳动数量、比例及其相互关系。就业结构问题可以从两方面考察,一是就业的部门结构,即就业人口在各个行业分布比例关系;二是职业结构,即就业人口在不同职业岗位的分布状况。

1) 就业结构变化的影响因素

首先,就业结构受经济发展水平和产业结构的影响,经济发展水平影响一定时期、不同行业的劳动力需求结构,产业结构影响不同行业劳动力的分布状况。其次,就业结构受劳动者文化素质影响,一般而言,劳动密集型产业对劳动者素质要求相对较低,技术密集型产业对劳动者素质要求较高。再次,就业结构受社会认知影响。社会认同度低的职业岗位对从业人员的吸引力相对较小,社会认同度较高的职业岗位对从业人员的吸引力就高。

2）我国二元劳动力结构分析

我国农村剩余劳动力大规模转移到城市，使城市就业结构发生了变化，城市就业结构的合理性受到挑战。从整体上看，我国城市户籍居民与进城务工的非城市户籍居民之间存在行业选择的差异。非城市户籍的外来务工人员主要集中在一些对劳动者素质要求较低的行业，如制造业、建筑业、服务业、住宿餐饮业、批发零售业等。此外，一些技术要求较低或社会认同度不高的职业岗位，也主要由非城市户籍的外来务工人员承担，如制造业流水线岗位、家政服务岗位、保安岗位、建筑岗位、餐饮服务岗位等。相反，城市户籍居民较多集中在对劳动者素质要求较高的行业，如能源、交通、银行业、医疗卫生，承担技术要求高或社会认同度高的职业岗位，如企业管理、政府公务员、教师、医生等。

20 世纪 70 年代初，针对劳动力市场分化现象，经济学家皮奥罗提出了二元劳动力市场理论。该理论认为，在现代工业社会中存在着两种劳动力市场：一种是收入高、劳动环境好、待遇好、福利优越的劳动力市场，此被称为“首要劳动力市场”，另一种是收入低、工作环境差、待遇差、福利低劣的劳动力市场，此被称为“次要劳动力市场”。这两个劳动力市场之所以是“二元化”的，是因为这两个劳动力市场是相互隔绝的，“首要劳动力市场”的求职者宁愿等待就业机会，也不愿到“次要劳动力市场”中谋职，而“次属劳动力市场”的失业者根本不可能进入“首要劳动力市场”。①

从事次属劳动力市场职业的一般是底层群体，他们进入首属劳动力市场除了需要有一定的知识资本外，也需要有向上流动的机会。而向上的社会流动就需要社会结构具有开放性、公平性。依据社会学家孙立平的判断，中国当前的社会结构已呈现固化和定型化现象，向上的社会流动更加困难。② 这也昭示着次属劳动力市场的劳动力进入首属劳动力市场变得尤为困难。他们通过后天努力进入首属劳动力市场的概率显然不高。2005 年全国 1%人口抽样调查数据显示，第二代农民工的就业领域仍然集中在劳动密集型和低附加值、低准入门槛行业。他们分布的前 6 位行业是：制造业（占 61.6%）、批发和零售业（10.7%）、住宿和餐饮业（7.7%）、农林牧渔业

① M. J. Piore, “The Dual Labor Market: Theoryand Implications, ”in David B. Grusky, ed., SocialStratification: Class, Race, and Gender in SociologicalPerspective, pp. 435－438.

② 孙立平.利益关系形成与社会结构变迁[J].社会，2008(3).

(5.6%)、居民服务和其他服务业(4.8%)、建筑业(3.2%)。①

城市户籍居民与非城市户籍外来从业人员之间行业选择和职业岗位的整体性差异产生了“二元劳动力结构”，并且产生两个直接后果：其一，在我国社会主义市场经济体制下，劳动力市场应当对在劳动力资源配置过程中发挥核心作用，但是我国城市的“二元劳动力市场”，使劳动力市场资源配置功能不能得到有效发挥。其二，“二元劳动力结构”使许多非城市户籍的外来务工人员从事收入水平较低，且劳动权益难以得到有效保障的就业岗位，成为城市社会的弱势群体，这进一步固化了城市户籍居民与进城务工的非城市户籍居民之间的群体性分隔。②

3) 城市就业政策歧视

城市就业政策对进城务工非城市户籍居民制度性排斥，进一步固化了“二元劳动力结构”。在城市劳动力市场存在着对非城市户籍从业人员的歧视问题，主要表现在劳动力的限制进入、劳动力行为的限制进入、劳动力同工不同酬以及其他隐性歧视。尤其是当经济不景气时，出现大量的失业的人群，城市面临着空前的就业压力，为了保证城市户籍居民就业与生活，城市政府一般会对非城市户籍从业人员实行有差别就业政策。比如，明确规定某些行业和职业岗位不招用非城市户籍居民，将非城市户籍的外来务工人员“拒之门外”。非城市户籍的外来务工人员与城市户籍居民在就业政策上存在差异，本质上是群体性就业歧视，这是“新二元结构”问题重要表现之一。

3.1.3 二元收入结构分析

城市户籍居民与进城务工的非城市户籍居民之间收入结构的差异是“新二元结构”问题重要表现之一。一般而言，收入结构是指社会成员各种经济收入的比例关系。我国计划经济时代，城市居民的收入主要是劳动报酬收入，即工资收入。改革开放以后，居民开始有了经营性收入、转移性收入和财产性收入。虽然居民的主要收入还是工资性收入，但是收入的多元性是显而易见的。

收入结构与分配结构密切相关，从我国目前的分配结构看，现阶段收入分配领域存在的问题，一是收入分配总量比率太低；二是行业与行业之间、级别与级别之间

① 张世青.刘雪，农民工的权利诉求及社会政策回应[J].学习与实践. 2011(12)：105－112.

② 张世青.刘雪，农民工的权利诉求及社会政策回应[J].学习与实践. 2011(12)：105－112.

收入分配高低悬殊;三是收入分配调节未能形成制度化的常态化。

按国家统计局2014年的数据,我国目前人均GDP7 485美元,全球排名在90名左右,属于典型的发展中国家。低收入群体收入水平很低,收入差距很大。而城市中低收入人群主要是非城市户籍外来务工人员,他们的收入水平远低于城市户籍居民。根据国家劳动和社会保障部、国家统计局公报,2012年城镇单位在岗职工月平均工资为3 897元,而非城市户籍外来务工人员月平均工资是2 290元(见表3—1)。这不仅显露出我国分配制度本身的弊端,更反映出社会财富分配的极不合理。

表3—1 我国城市户籍居民工资水平与非城市户籍居民的工资水平比较(2007—2012)

	农民工		城市居民		农民工与城市居民收入之差(元)
	平均月工资(元)	年增长率(%)	平均月工资(元)	年增长率(%)	
2007	1 060		2 078		1 018
2008	1 341	27.0	2 435	14.0	1 094
2009	1 417	5.7	2 728	14.3	1 311
2010	1 690	16.2	3 095	13.5	1 405
2011	2 049	17.5	3 537	14.3	1 488
2012	2 290	10.5	3 897	10.2	1 607

资料来源:《2009年中国人口与劳动问题报告》,2007—2012年中国统计年鉴,2010年农民工监测调查报告

2007年到2012年期间,城市户籍居民和非城市户籍居民每人每年平均可支配收入都呈增长趋势,但是城市户籍居民的增速要明显快于非城市户籍居民。2007—2012年城市户籍居民和非城市户籍居民的月平均工资分别从2 078元增加到3 897元,从1 060元增加到2 290元,增长比例分别为86.73%和116% ,平均年增速分别为14.45%和19.3%。表3—1显示非城市户籍居民的平均工资增长率要高于城市户籍居民,但两者之间的绝对收入却在拉大,城市户籍居民与非城市户籍居民收入之差从2007年的1 018元增加到了2012年的1 607元。

非城市户籍居民在城市中就业所得收入与城镇居民相比偏低。农民工一般仅有工资收入,且很不稳定,也无法享有与城市居民同等福利。城市居民则不仅拥有正常工资收入,还拥有各种福利待遇。非城市户籍居民虽然在城市工作,但依然不

能同等享受各种城市社会保障待遇。比如失业保险，养老保险，医疗保险、生育保险、社会救助等。

住房制度是社会福利的重要组成部分，也是城市市民的收入组成部分。但是我国城市普遍实行的住房公积金制度，非城市户籍从业人员是被排除在该制度之外的。我国公职人员以及国有企业和部分私企职员可以享受这个福利补贴，非城市户籍居民无法享受。经济适用房制度也是社会福利的重要组成部分，是政府补贴的一种手段，它拥有社会保障的性质，虽然没有直接补贴给城市市民但以补贴给开发商方式，使符合条件的城市户籍市民可以享受经济适用房。

劳动力市场上，即使在同一经济部门，"同工不同酬"问题也很普遍，甚至即使同一岗位也存在着正式工、合同工与临时工，一般来说，正式工报酬高于合同工，临时工报酬最低，而许多非城市户籍的从业人员往往承担临时工的工作。除了工资收入等国民收入初次分配以外，再分配中也存在着因为身份差异而导致进一步拉大收入差距的问题。当前主要表现在住房分配、医疗、教育等方面。此外，非城市户籍居民的收入来源主要为城市务工收入，其转移性收入占比较少，从农村转移到城市务工劳动力由于脱离土地，不再进行农业生产，无法继续享受国家农业生产补贴政策。同时，他们因为没有城市户籍，城市基本公共服务供给体系也把农民工排除在外。在这样的境地下，农村进城务工者成为尴尬的边缘人。

上述种种收入二元结构现象，都是由于户籍身份差别，以及因制度因素和社会因素造成城市户籍居民和非城市户籍居民之间收入差距。

3.1.4 二元消费结构分析

1）消费结构

消费结构(consumption structure)是在一定的社会经济条件下，人们(包括各种不同类型的消费者和社会集团)在消费过程中所消费的各种不同类型的消费资料(包括劳务)的比例关系。有实物和价值两种表现形式。实物形式指人们在消费中，消费了一些什么样的消费资料，以及它们各自的数量。价值形式指以货币表示的人们在消费过程中消费的各种不同类型的消费资料的比例关系 。在现实生活中具体的表现为各项生活支出。

消费结构应该是质与量两个方面的统一。消费结构的量指的是各种消费对象的实物量和价值量的统一。消费结构的质包括消费对象本身的质地、消费的层次、消费者拥有的消费环境和享受性。总之，消费结构的质与量的统一是指人们所消耗的消费对象的构成及其对象间的协调程度。

非城市户籍居民家庭的消费类型主要包括：生存型消费，发展型消费，享受型消费和人情费。生存型消费主要包括食品消费和服装消费；发展型消费主要包括经营性支出，医疗保健支出和教育支出；享受型消费主要包括房屋建设支出，家庭设备支出和文化娱乐支出；人情费是指人与人之间正常交往中的感情投资，在我国尤其是广大农村人情费是一笔重要的开支。

2）二元消费结构

根据调查数据分析，新生代农民工家庭以生存资料消费为主，这部分消费占总消费的 54%，这说明他们在食品和服装上的消费最多。这是因为其放弃了务农而无法像传统农民一样实现在粮食上的自给自足，且其生活环境的改善以及消费观念发生改变。人情费数量也较大，占总消费的 22%，这体现了新生代农民工已经逐步融入进社会生活中。享受型消费占比 13%，占比较少，这表明新生代农民工还保有一些传统的农民消费观念。发展资料消费主要包括教育和医疗保健消费，其占比最小，为 11%，说明新生代农民工家庭教育和医疗方面仍然与城市家庭存在差别，不够重视发展型消费。①

从消费结构来看，新生代农民工的消费结构也存在一定的问题。

储蓄倾向高，消费水平低。新生代农民工家庭人均收入为 21 327.21 元，而消费额为 6 617.01 元，储蓄率高达 69%。根据消费的生命周期理论，新生代农民工处于生命周期的第一阶段，需要有一定的储蓄来应对未来工作和收入的变化以及以后的养老所需。但过高的储蓄率会影响到生活质量，降低消费水平，特别是减少对教育和健康的投入，会严重影响人的可持续发展。

消费层次低，生存型消费占比大。国家统计局 2014 年 9 月的统计结果显示城镇居民家庭恩格尔系数为 35%，农村居民家庭恩格尔系数为 37.7%，而新生代农民工家庭恩格尔系数为 43%，生存型消费占比高达 54%，严重压缩了其他消费的空间。这说明新生代农民工的消费层次较低，这不仅会影响其个人的生活质量和个人

---

① 李敏，李佳，航杨云.汉新生代农民工家庭收入与消费结构研究[J].农银学刊，2015(3)：21—24.

发展，也会使当地内需不足，制约当地经济增长。消费结构失衡，享受消费仍较低，而人情费用占比过高，新生代农民工的享受消费占总消费比例，仅 13%；人情费占居民消费的 22%，远高于城市居民人情消费占比，此水平甚至超过其发展型消费 11% 的占比，此类消费给部分家庭带来负担，不利于其进行社会再生产。

对发展型消费不重视，忽视对自身的教育。新生代农民工家庭对教育的支出仅占总支出的 7%，比重过低。我们在调查中得知，新生代农民工空闲时间大多用于在上网，交友，玩游戏等。其接受的技能培训也仅限于雇主为使他们快速上岗工作而为他们提供的基本技能培训，此种培训根本无法适应不断变化发展的社会需要。因而新生代农民工想要获得自身的持续性发展还必须自己参加一些专业类培训。[①]

我国非城市户籍居民与城市户籍居民消费结构分析见表 3－2、图 3－13。

表 3－2　2013 年城市居民与农民消费水平　（单位：元）

消费项目	城市居民		农民工	
项目	消费支出	所占比例	消费支出	所占比例
食品	6 311.9	35.02%	2 495.5	37.67%
衣着	1 902	10.55%	438.3	6.62%
居住	1 745.1	9.68%	1 233.6	18.62%
家庭设备及用品	1 215.1	6.74%	387.1	5.84%
交通通信	2 736.9	15.19%	796	5.84%
文教娱乐	2 294	12.73%	486	12.01%
医疗保健	1 118.3	6.20%	614.2	9.27%
其他	699.4	3.88%	174.9	2.64%
人均消费支出总额	18 022.6	100%	6 625.5	100%

① 李敏.李佳.航杨云.汉新生代农民工家庭收入与消费结构研究[J].农银学刊，2015(3)：21－24.

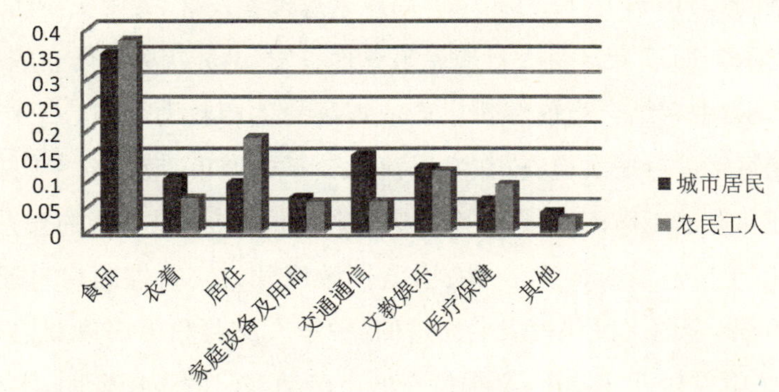

图 3—13 我国城市居民与农民工的消费结构差异

资料来源:中国统计年鉴,2014.

从两大社会群体的消费结构来看,城市居民与农村进程务工人员的消费结构差异体现在农村进程务工人员的食品、居住性消费占比高于城市户籍居民,城市户籍居民的交通通信、衣着以及文教娱乐类消费高于农村进程务工人员,这在一定程度上反映出农村进城务工人员的消费层次仍停留在满足生存需求的层面,而对更高层次消费的需求是偏低的。

综上所述,从农村进城务工人员的消费习惯和消费结构来看,不难得出这样的结论:农村进城务工人员的消费主要集中在维持其在城市中生存的基本消费,如食品、住房等,文化娱乐及通信费用虽也有支出,但是消费能力比较弱;从消费数量上看,农村进城务工人员的消费数量是偏低的,即使在最基本的食品和住房消费中,农村进城务工人员的消费水平也仅维持在最低消费水平上,其消费特征呈现出消费俭朴、低档的特点,其消费模式仍旧是低消费模式。农村进城务工人员的这一低档、节约的消费习惯和消费结构其实真实地反映了农村进城务工人员在城市中的生活状态和生活处境。

3.2 "新二元结构"问题的制度因素

3.2.1 城乡户籍制度

1) 我国户籍制度由来

我国的户籍制度形成于20世纪50年代。1951年,我国公安部公布了《城市户口管理暂行条例》。1956 年 12 月 30 日，周恩来总理签发《国务院关于防止农村人口盲目外流的指示》，1957 年 3 月 5 日周恩来总理签发《国务院关于防止农村人口盲目外流的补充指示》中，“结合当前春耕生产或灾区的生产救助等中心工作，对农民盲目外流的情况每年进行一次检查；在农民流入较多的城市，应设立专门机构负责外流农民的处理和遣送工作；对遣送返乡的灾民和农民，应予以妥善的安置，对其中生活有困难的，应予以适当的救济”。由此，我国政府开始实行控制户口迁移的政策。1958 年 1 月 9 日，全国人民代表大会通过的《中华人民共和国户口登记条例》，第十条中规定“公民由农村迁往城市，必须持有城市劳动部门的录用证明，学校的录取证明，或者城市户口登记机关的准予迁入的证明，向常住地户口登记机关申请办理迁出手续”。这是以法律的形式明确将所有人区分为“农业户口”和“城镇户口”两种不同的户籍，限制了两种人口的自由迁移，尤其对农村人口进入城市做出了约束性的规定，标志着我国严格限制农村人口向城市流动的户口迁移制度的最终形成。

此后，直到 1978 年改革开放，我国不断强化户籍制度。1958 年 9 月 13 日，中共中央发出《关于精简职工和减少城镇人口工作中几个问题的通知》，规定“对农村县镇迁往大中城市的，目前要严格控制”。1961 年 12 月 9 日《关于转发当前户口工作情况的报告》，要求对户口工作进行彻底检查整治，健全户口管理机构。同年，公安部将农业户口和人口数这一统计指标改为“非农业人口户数和人数”，这使“非农户口”和“非农人口”成为广泛使用和广为人知的概念。1962 年 4 月 17 日，公安部发出《关于处理户口迁移问题的通知》，指出“应当本着纪要严格控制农村人口迁入城市，又要保证必要的政策迁移的原则，实事求是地进行处理”。1962 年 5 月 27 日《中共中央、国务院关于进一步精简职工和减少城镇人口的决定》中写道：“在当前国民经济调整工作中，精减职工和减少城镇人口去加强农业战线是一个最基本的环节。全国现有的职工人数和城镇人口，不仅在今天是过多的，对国家的财政经济有着极为不利的影响，就是按照今后几年内恢复和发展农业、工业生产可能达到的程度来衡量，职工人数还超过实际需要很多，城镇人口也大大超过了农业提供商品粮食和其他产品的负担能力。所以，为了保证国民经济调整工作的顺利进行，继续加强农业战线，争取财政经济状况的根本好转，必须坚决缩短工业战线，调整商业体制，缩小文教规模，精简行政机构，进一步地精减职工和减少城镇人口”。1962 年 12 月 8 日，公安部三局发出《关于加强户口管理工作的意见》指出，“对农村迁往城市的，必须严格控制；城市迁往农村的，应一律准予落户，不要控制”。1963 年以后，公安部在人口统计中把是否吃国家计划供应的商品粮作为划分户口性质的标准，吃国家供应粮的户即城镇居民，称作“非农业户口”。

1977年11月1日，国务院批转《公安部关于处理户口迁移的规定》的通知中，规定“市、镇人口的增长，必须与农业生产的发展水平相适应。处理户口迁移，首先要贯彻严格控制市、镇人口增长的方针，同时要保障人民群众符合国家规定的迁移。”公安部门根据上述规定，下达了“农转非”的控制指标，规定“每年批转从农村迁入市镇和转为非农业人口职工家属人数，不得超过非农业人口数的1.5‰”。

2）我国户籍制度改革

我国户籍制度改革起于20世纪80年代初。70年代末，家庭联产承包责任制开始实行，我国粮油等农产品的供求现状得到了缓解，一些城乡分割的不合理制度，如人民公社制度、粮油供应制度、农产品统购统销制度等逐步被废除。80年代中期，国家对农村居民的就业限制开始有所松动，农民可以进城务工，从事非农产业，城市也开始扩大企业自主权，改革劳动就业制度等，长期的城乡二元分割局面有所松动。

1984年1月1日，颁布的《中共中央关于一九八四年农村工作的通知》规定：“农村工业适当集中于集镇，可以节省能源、交通、仓库、给水、排污等方面的投资，并带动文化教育和其他服务事业的发展，使集镇逐步建设成为农村区域性的经济文化中心。建设集镇要做好规划，节约用地。1984年，各省、自治区、直辖市可选若干集镇进行试点，允许务工、经商、办服务业的农民自理口粮到集镇落户”，我国小城镇户籍改革脚步逐渐开始。1984年10月13日，国务院发出《关于农民进入集镇落户问题的通知》，要求各级人民政府积极支持有经营能力和有技术专长的农民进入集镇经营工商业，公安部门应准予其落常住户口，统计为非农业人口。凡申请到集镇务工、经商、办服务业的农民和家属，在集镇有固定住所，有经营能力，或在乡镇企事业单位长期务工的，公安部门应准予落常住户口，及时办理入户手续，发给《自理口粮户口簿》，统计为非农业人口。粮食部门要做好加价粮油的供应工作，可发给《加价粮油供应证》。地方政府要为他们建房、买房、租房提供方便，建房用地，要按照国家有关规定和集镇建设规划办理。1995年4月11日，为贯彻落实党的十四届三中全会和1993年中央农村工作会议精神，根据国务院原则同意的《关于加强小城镇建设的若干意见》的要求实行户籍管理制度改革，我国开始实行按居住地和就业原则确定身份的户籍登记制度，农民只要在小城镇具备合法固定的住所和稳定的就业条件，就可以申请在小城镇办理落户手续。1997年5月20日由公安部颁布的《关于小城镇户籍制度改革试点方案》提出，根据党的十四届三中全会确定的关于逐步改革小城镇户籍管理制度，允许农民进入小城镇务工经商、发展农村第三产业，促进农村剩余劳动力转移的精神，应当适时进行户籍管理制度改革，允许已经在小城镇就业、居住并符合一定条件的农村人口在小城镇办理城镇常住户口，以促进农村剩余劳动力就近、有序地向小城镇转移，促进小城镇和农村的全面发展，维护社会稳定。同时，继续严格控制大中城市特别是北京、天津、上海等特大城市人口的机械增长。这一次试点改革是对我国的户籍管理制度一次重要的突破，符合条件的农村人口可在小城镇办理常住户口，城乡二元结构静态平衡不断被打破。1998年10月14日由中国共产党第十五届中央委员会第三次全体会议通过的《中共中央关于农业和农村工作若干重大问题的决定》中提出："发展小城镇，是带动农村经济和社会发展的一个大战略，有利于乡镇企业相对集中，更大规模地转移农业富余劳动力，避免向大中城市盲目流动，有利于提高农民素质，改善生活质量，也有利于扩大内需，推动国民经济更快增长。要制定和完善促进小城镇健康发展的政策措施，进一步改革小城镇户籍管理制度。"

2006年3月27日，国务院公布《国务院关于解决农民工问题的若干意见》提出，要充分认识解决好农民工问题的重要意义，做好农民工工作的指导思想和基本原则，提出要抓紧解决农民工工资偏低和拖欠问题，依法规范农民工劳动管理，搞好农民工就业服务和培训，积极稳妥地解决农民工社会保障问题，切实为农民工提供相关公共服务，健全维护农民工权益的保障机制，促进农村劳动力就地就近转移就业，加强和改进对农民工工作的领导十个方面内容。《意见》明确农民工问题事关我国经济和社会发展全局；维护农民工权益是需要解决的突出问题；解决农民工问题是建设中国特色社会主义的战略任务；以邓小平理论和"三个代表"重要思想为指导，公平对待，一视同仁、强化服务，完善管理、统筹规划，合理引导、因地制宜，分类指导、立足当前，着眼长远的原则；建立农民工工资支付保障制度；合理确定和提高农民工工资水平；严格执行劳动合同制度；依法保障农民工职业安全卫生权益；切实保护女工和未成年工权益，严格禁止使用童工；逐步实行城乡平等的就业制度；进一步做好农民转移就业服务工作；加强农民工职业技能培训；落实农民工培训责任；大力发展面向农村的职业教育；高度重视农民工社会保障工作；依法将农民工纳入工伤保险范围；抓紧解决农民工大病医疗保障问题；探索适合农民工特点的养老保险办法;把农民工纳入城市公共服务体系;保障农民工子女平等接受义务教育;加强农民工疾病预防控制和适龄儿童免疫工作;进一步搞好农民工计划生育管理和服务;多渠道改善农民工居住条件;保障农民工依法享有的民主政治权利;深化户籍管理制度改革;保护农民工土地承包权益;加大维护农民工权益的执法力度;做好对农民工的法律服务和法律援助工作;强化工会维护农民工权益的作用;大力发展乡镇企业和县域经济,扩大当地转移就业容量;引导相关产业向中西部转移,增加农民在当地就业机会;大力开展农村基础设施建设,促进农民就业和增收;积极稳妥地发展小城镇,提高产业集聚和人口吸纳能力;切实把解决农民工问题摆在重要位置;完善农民工工作协调机制;引导农民工全面提高自身素质;发挥社区管理服务的重要作用;加强和改进农民工统计管理工作;在全社会形成关心农民工的良好氛围。

2013年11月12日中国共产党第十八届中央委员会第三次全体会议通过的《中共中央关于全面深化改革若干重大问题的决定》提出,“城乡二元结构是制约城乡发展一体化的主要障碍。必须健全体制机制,形成以工促农、以城带乡、工农互惠、城乡一体的新型工农城乡关系,让广大农民平等参与现代化进程、共同分享现代化成果。要加快构建新型农业经营体系、赋予农民更多财产权利、推进城乡要素平等交换和公共资源均衡配置、完善城镇化健康发展体制机制。推进农业转移人口市民化,逐步把符合条件的农业转移人口转为城镇居民。创新人口管理,加快户籍制度改革,全面放开建制镇和小城市落户限制,有序放开中等城市落户限制,合理确定大城市落户条件,严格控制特大城市人口规模。稳步推进城镇基本公共服务常住人口全覆盖,把进城落户农民完全纳入城镇住房和社会保障体系,在农村参加的养老保险和医疗保险规范接入城镇社保体系。建立财政转移支付同农业转移人口市民化挂钩机制,从严合理供给城市建设用地,提高城市土地利用率。”

3) 户籍制度的政策效应

自20世纪50年代起,半个多世纪以来,户籍制度深刻影响着中国的每一个家庭和每一个成员,是对我国经济社会发展影响最大的社会制度之一。从宪法的角度看,我国1954年9月20日颁布的《宪法》第九十条规定“中华人民共和国公民有居住和迁徙的自由”。然而,在1975年1月17中华人民共和国第四届全国人民代表大会第一次会议通过的《中华人民共和国宪法》中,去掉了这一条文。1978年3月5日,第五届全国人民代表大会第一次会议通过的第三部《中华人民共和国宪法》

中,也没有恢复中华人民共和国公民居住和迁徙的自由权,公民的居住和迁徙自由权利被人为地取消。也就是说,政府通过户籍制度对人口迁移管制与控制并不违反宪法精神。

我国户籍制度的社会控制功能产生了巨大的社会效应。这种效应分为正面的与负面的两个方面。

从正面效应看,从20世纪50年代以来,在特定的社会历史条件下,政府实施城市偏向政策,在重工业优先发展和经济建设为中心的发展战略下,我国政府通过户籍制度及其他相关制度安排将城乡居民分割开来,限制农村人口向城市的自由流动,以牺牲农民的利益优先保障城市发展,一定程度上有助于促进经济社会的快速发展。

户籍制度作为一项日常的社会管理制度,通过对户口进行调查、登记、申报,并按照一定的原则进行立户、分类和编制来对全国人口进行管理,在户籍登记过程中能够动态收集到人口信息,户籍制度能够很好地将人口信息的收集工作融入人口管理工作中去,从而能够较快地反映出人口的变化情况。

户籍制度通过对辖区人口的有效管理,有力地维护了社会秩序,保证了社会治安,有效地消除了一些社会危险因素。《中华人民共和国户口登记条例》(1958)明确体现了户籍制度防范和打击各种违法犯罪活动的功能。制定该条例的首要目的是"维持社会秩序、保护公民的权利和利益"。条例明确规定"户口登记工作由各级公安机关主管"。户籍制度的建立实现了国家基本的社会控制功能。由于户籍制度在人口管理方面所具有的优势,使户籍制度成为古今中外统治者备受推崇的一项重要的社会制度 。

控制城镇人口的机械增长,是我国现行户籍制度的又一项重要的社会控制功能。城市化是现代国家的世界性趋势。我国是个发展中国家,经济发展水平还不高,农业可以提供用来供养城市人口的产品还相当有限,城市化速度过快是国力所难以承受的。然而,由于各地区生活条件的差异,特别是由于存在着巨大的城乡差别,人民群众在居住地的迁移上存在着一种自发流向,普遍地存在着从农村流向城镇,从集镇流向城市,从中小城市流向大城市的愿望。不加控制,必然会导致城镇人口机械增长过快。通过户籍管理,通过制定若干允许或限制户口迁移的政策,就能有效抑制或缓解这种过快增长的势头。

但是,户籍制度将我国的公民分割成了"非农业人口"与"农业人口"、市民与农民两种社会身份，并且将户籍制度与诸多社会福利挂钩，城乡二元户籍管理制度固化了城乡二元结构。当我国经济社会发展到一定阶段，户籍制度仍然阻碍农村剩余劳动力的合理流动，其负面效应也就凸显出来了。

户籍制度的负面效应，主要表现为人口流动的缓慢，户口在一定意义上衍生出了价值与等级，形成了具有不同价值与不同等级的社会身份。现行户籍制度不仅有力地强化了中国的城乡二元结构及其城镇居民与农村居民两个具有明显差异的社会身份，而且在城镇户口与农村户口内部，也形成了若干不同的户口等级。例如，在城镇居民户口中，存在着大城市、中等城市、小城市、县城、县属镇、一般乡镇等社会福利、物资供应、迁移自由度不同的户口差别；在城市户口中，又有市中心区户口、边缘市区户口、远市区户口以及在上海还有实际因居住在郊县集镇因而享有名为郊县市区户口的户口差别。同样是农村户口，也存在着因居住区位不同而产生的不同差别。这种差别束缚着人口的流动与户口迁移，进而阻碍了商品经济的发展①。

自20世纪80年代中期开始，我国放松了城乡户籍管制，允许农村剩余劳动力进城务工，但是，我们没有及时从制度上解决城市户籍与非城市户籍之间的矛盾。也就是说，进入城市非户籍的外来务工人员虽然在形式上是城市的居民了，但却无法在制度确认自己的市民身份，无法保障在城市生活中的合法权益，无法享受与城市市民同等的公共服务和社会保障待遇，只能作为城市的弱势群体，生活在城市的边缘。

目前，户籍制度的负效应是显而易见的。户籍制度将农村和城市割裂开来，在城市与农村实行两套不同的公共服务供给体制，城乡居民所能享受的公共服务存在严重差异。城乡之间的两种户籍壁垒，两种不同的资源配置制度，事实上是将城乡居民分成了两种不同的社会身份和不同的待遇。改革开放以后，我国允许农村剩余劳动力向城市转移，城乡分割的户籍制度又将进程务工的农村劳动力与城市居民分割成城市中的两大社会群体，使得城乡二元结构转化成城市"新二元结构"，从这个意义上讲，城市"新二元结构"是户籍制度下城乡二元结构特殊的表现形式。现今，在城市外来从业人员中，多数人都拥有居住证，但是它与户籍相比，都只有管理和统计意义，没有相应的社会福利附加意义，而户籍制度是阻碍非城市户籍居民获得城市社会福利主要的制度瓶颈。户籍作为一种身份象征，在城市社会生活中具有特殊

① 丁水木.现行户籍制度的功能及其改革走向[J].社会学研究，2002(6)：100－104.

意义，户籍制度是形成城乡二元结构和“新二元结构”制度原因。

3.2.2 社会权利制度

马歇尔把社会权利界定为依据社会通行标准享受文明生活的权利，并提出与这一要素紧密相连的是教育体制和社会公共服务体系。我国城市“新二元结构”的典型表现之一，是非城市户籍居民不能享有与城市户籍居民同等的社会权利。本书从现行城市教育体制、基本公共服务公共体制两个维度，分析“新二元结构”问题产生的社会权利缺失因素。

1）享有平等教育权利受到限制

一般而言，教育是个人实现向上流社会流动的一条重要途径，教育能改变个体的先赋身份，进而在很大程度上促进社会平等。在我国城市化进程中，非城市户籍居民享有平等受教育权利主要体现在三个方面：第一，受义务教育权利；第二，受中等教育和高等教育的权利；第三，受职业教育的权利。从政府保障公民教育权利的角度看，政府的义务教育和基础教育政策、高等教育政策和职业教育政策应当使每一个公民都能够平等地获得受教育权利。然而，目前我国城市的教育政策存在着对非城市户籍居民诸多平等受教育的限制，教育制度的排斥是城市“新二元结构”问题重要表现之一。

首先，义务教育政策对非城市户籍居民的限制。非城市户籍居民子女在父母居住地接受义务教育，不仅可以防止弱势的代际传承，也是一个国家代际公正的彰显。我国政府提出了进城务工人员的子女“以流入地政府管理为主、以全日制公办中小学就读为主”政策，这一政策保障了非城市户籍居民子女受义务教育的权利。然而，基础教育资源总量的有限性和配置的不均衡性，导致各级政府首先确保城市户籍居民的教育权利，其次再考虑非城市户籍居民子女义务教育问题，所以这一政策在实施过程中往往打了“折扣”。

其次，中等教育和高等教育政策对非城市户籍居民的限制。我国的中等教育政策规定，公民必须在户籍所在省市接受高中教育；高等教育政策规定公民必须在户籍所在的省市参加“高考”，这就限制了非城市户籍居民就地接受中等教育权利和参加“高考”的权利。

再次，职业教育政策对非城市户籍居民的限制。我国城市有着完整的职业教育体系。然而，享受职业教育的权利往往是与户籍挂钩的。例如，政府职业培训补贴政策，主要是针对户籍居民的，非城市户籍居民就不能享受政府补贴。

城市户籍居民和非城市户籍居民之间在受教育权利上的不平等，不仅是城市“新二元结构”重要表现，而且是诱发“新二元结构”问题的制度因素。

2）享有基本公共服务权利受到限制

基本公共服务是指建立在一定社会共识基础上，根据一国经济社会发展阶段和总体水平，为维持国家经济社会的稳定、基本的社会正义和凝聚力，保护个人最基本的生存权和发展权，为实现人的全面发展所需要的基本社会条件。

基本公共服务包括三个基本点，一是保障人类的基本生存权（或生存的基本需要），为了实现这个目标，需要政府及社会为每个人都提供基本就业保障、基本养老保障、基本生活保障等；二是满足基本尊严（或体面）和基本能力的需要，需要政府及社会为每个人都提供基本的教育和文化服务；三是满足基本健康的需要，需要政府及社会为每个人提供基本的健康保障。基本公共服务随着经济的发展和人民生活的水平的提高，其范围会逐步扩展，水平也会逐步提高。

在我国城市生活中，城市户籍居民和非城市户籍居民的基本公共服务需求强度是存在差异的。依据笔者对上海市的调查，非城市户籍居民最关心、最迫切的公共服务需求是，义务教育、就业服务、医疗保障、住房保障。本书从就业服务、医疗保障、住房保障三项基本公共服务政策，分析城市户籍居民和非城市户籍居民享有基本公共服务权利的差异。

首先看就业服务，就业服务是进城务工人员最迫切的公共服务需求，因为有了稳定的工作，他们才能够在城市生活下去。我国各级城市政府都有就业促进政策，就业促进政策一般包括：提供各类就业机会、提供创业辅助、提供失业救助、提供职业培训、鼓励灵活就业。从现行就业促进政策及实施状况看，各级城市政府制定和实施政策的基本立足点，是解决城市户籍居民的就业问题。虽然各级政府都意识到“常住人口管理”是政府职责，但是“常住人口服务”意识尚未完全确立起来。因此，在就业促进政策实施过程中，政府在高度关注城市户籍居民就业状况的同时，非城市户籍居民就业服务需求往往被忽视了，这就使城市户籍居民和非城市户籍居民没有能够平等享有政策规定的权利。

其次看住房社会政策。住房是人类生存的基本必需品。因此，获得适当住房的权利是人权的基本构成部分，也是现代国家公民的一项基本社会权利。拥有住房居住权是农民工融入城市社会的基础。目前，我国城市的住房政策包括：住房补贴政策，如住房公积金制度；保障房政策，如廉租房和经济适用房，廉租房是指政府以租金补贴或实物配租的方式，向符合城镇居民最低生活保障标准且住房困难的家庭提供社会保障性质的住房，经济适用房是指由政府组织房地产开发企业或者集资建房单位建造，以微利价向城镇中低收入家庭出售的住房，它是具有社会保障性质的商品住宅；公租房政策，公共租赁住房是指政府投资并提供政策支持，限定套型面积和按优惠租金标准向符合条件的家庭供应的保障性住房。上述三项目住房保障政策，住房公积金制度主要是在企事业单位设立，但是许多中小型民营企业都没有为员工缴纳住房公积金，所以这一政策对于在中小型民营企业就业的非城市户籍的外来从业人员几乎没有意义。廉租房和经济适房各级城市政府都明确规定与户籍挂钩，非城市户籍居民不能享有政策规定的权利。只有公租房政策规定非城市户籍居民可以享有。2010 年 6 月 8 日由国家发改委等六部门颁发的《关于加快发展公共租赁住房的指导意见》中指出，公共租赁住房供应对象主要是城市中等偏下收入住房困难家庭。有条件的地区，可以将新就业职工和有稳定职业并在城市居住一定年限的外来务工人员纳入供应范围。然而，各城市在实施公租房政策时设定了诸多额外的限制条件，如居住年限、工作稳定性等，使得许多符合条件的非城市户籍居民不能享受获得公租房的权利。

再次，看基本医疗服务政策。健康权是公民的基本权利之一。医疗服务是进城务工人员最迫切的公共服务需求，由于他们生活条件较差，医疗服务保障需求如果不能满足，将严重影响他们在城市的生活。基本医疗服务包括：基本医疗保险、基本医疗保健等。在我国城乡二元结构导致城市和农村的基本医疗服务水平和医疗服务条件存在很大差距。大量的农民进入城市工作，要享受与城市户籍居民同等的医疗服务待遇，不仅存在医疗服务资源短缺问题，也存在着城市户籍居民和非城市户籍居民之间的潜在利益矛盾。所以，我国城市政府在制定基本医疗卫生服务政策中，首先考虑满足户籍居民的需求，在有条件的情况下，再满足非城市户籍居民的需求。例如基本医疗保险，城市户籍居民与非城市户籍居民的享受的待遇水平不同，至于基本医疗保健，如健康体检、社区健康保健等服务，主要为城市户籍居民提供。

综上所述，非城市户籍居民虽然在城市生活，也履行了法律规定的义务，但是他们在享有基本公共服务的权利却受到了种种限制，城市户籍居民和非城市户籍居民在享有基本公共服务权利方面存在明显差异，是“新二元结构”典型表现之一。

3.3 “新二元结构”问题实质

3.3.1 群体性社会排斥

我国城市化进程中的“新二元结构”问题，从现象上看是我国的户籍制度将城市户籍居民和非城市户籍居民分割为两大社会群体，许多学者也认为户籍制度是城乡二元结构和城市“新二元结构”问题的根源。然而，取消户籍制度是否就能够解决“新二元结构”问题了呢？回答显然是否定的。因为取消户籍制度并不能解决城市外来居民与原住居民之间的社会融合问题，由于各种社会因素和制度因素造成的两个群体的利益差异依然存在，社会矛盾依然存在。“新二元结构”问题本质是，城市户籍居民和非城市户籍居民之间的相互社会排斥。

1）社会排斥理论

20 世纪 60 年代，法国学者勒内·勒努瓦首次提出了社会排斥概念。社会排斥强调的是个体与社会整体之间的断裂。基于不同的理论取向，社会排斥可以理解为指个人与整个社会之间诸纽带的削弱与断裂过程；或是一种歧视的表现，是群体性差异的体现。这种差异否定了个人充分进入或参与社会交换或互动的权利；或权力集团通过社会关闭来限制外来者的进入。

依据社会排斥特征可以分为五种类型。第一，结构性的社会排斥与功能性的社会排斥。结构性的社会排斥是指因为社会结构的不合理而造成的社会排斥。社会结构包括通过制度确定下来的社会等级构成以及社会发展过程中自发形成的一种结构和分层。功能性的社会排斥是指被排斥的个体、群体或组织因为自身功能上的欠缺而处于一种被排斥状态。如：一些残疾人、文化程度低的人、退休者等一些社会弱势群体。第二，经济层面的社会排斥、政治层面的社会排斥与文化层面的社会排斥。经济层面的社会排斥是指个人，家庭和地方社区未能有效参与生产、交换和消费等经济活动，它的一个最直接后果就是造成贫困。政治层面的社会排斥是指个人和团体被排斥出政治决策过程，这些个人和团体缺乏权利，没有代表他们利益的声音。文化层面的社会排斥包含两个方面的含义，第一层是指失去根据社会认可的占主导地位的行为、生活发展方向及价值观模式而生活的可能性；第二层含义是指处于少数的个人和团体不能享有他们的文化权利及保有自身的传统、仪式、宗教信仰和语言等。第三，客观的社会排斥与主观的社会排斥。客观的社会排斥与主观的社会排斥。在分析社会排斥问题时，我们会发现，虽然有一部分人按照某种标准是处于一种被剥夺被排斥的状态，但由于某些因素的影响，他们并不感到自己遭遇排斥。他们可能已经在这种状态下形成了一种自己的社会认同、价值观念、行为模式，即被排斥状态下的一种文化，从而认为生活本来就是这样。而主观的社会排斥是指某些社会成员根据自己的主观判断，认定自己处于被排斥状态。这种主观感受使得他们常常有种强烈的被剥夺的感觉。第四，显性的社会排斥与隐性的社会排斥。显性的社会排斥是指通过明确的制度、政策、法律、习俗的规定，将一部分人排除于享受正常的社会权利之外。隐性的社会排斥是指在一些看似平等的游戏规则之下，却因为文化上、偏见上、习惯上或游戏规则执行过程中裁判者的原因而造成的实际的不公正。第五，被动的社会排斥与主动的社会排斥。被动接受社会排斥者并不是处于自己的主观意愿，而是因为外在的原因或自身先天性因素而处于一种边缘化的状态。而一些主动脱离社会者，往往是在一种亚文化的引导下，因其不认同主流社会而主动逃离，例如一些由于习惯、漠然或逃离而造成的被排斥。①

2）城市户籍居民和非城市户籍居民之间的社会排斥特征

我国城市“新二元结构”本质上是户籍居民和非城市户籍居民之间的社会排斥。农村剩余劳动力大规模向城市转移，城市人口急剧膨胀，农民“摇身一变”工人，村民变成市民，然而他们既没有获得城市市民的身份，也没有形成市民的生活方式。城市中的户籍居民与非户籍居民存在的价值观念、教育程度、生活方式等诸多的差异造成了社会排斥，这种社会排斥具有三个方面的特征：

第一，结构性、综合性。户籍居民和非城市户籍居民之间的社会排斥，首先表现为制度性排斥，户籍制度和各种社会制度规定了非城市户籍居民“二等公民”地位。其次是户籍居民和非城市户籍居民之间的社会排斥，不仅有经济层面的社会排斥、政治层面的社会排斥，而且有文化层面的社会排斥，所表现的社会问题也是综合性。

第二，主观性、连锁性。户籍居民和非城市户籍居民之间对与制度分割和社会权利不平等，有着强烈的主观感受，户籍居民存在明显的自豪感，而非城市户籍居民

① 代利凤.社会排斥理论综述[J].当代经济人，2006(4)：229—231.

有着强烈的被剥夺的感觉。这种社会排斥的感受具有连锁性,非城市户籍居民在某一方面遭受的排斥往往会导致他们在其他方面也遭受排斥,连锁性效应强化了户籍居民和非城市户籍居民的权利不平等的主观感受。

第三,显性的、被动的。我国城市户籍居民和非城市户籍居民之间的社会排斥是指通过明确的制度、政策、法律、习俗的规定,非城市户籍居民被排除于享受正常的社会权利之外,而且作为社会弱势群体,因为外在的原因或自身先天性因素而处于一种无可奈何的状态,甚至无法摆脱和逃离。

非城市户籍居民遭遇社会排斥主要有两种类型:一是制度性排斥。目前城市的户籍制度、就业制度、社会保障制度、教育福利制度等存在着社会排斥,虽然这些制度性的社会排斥在不断被消除,但是最终消除制度性排斥难度很大;二是城市户籍居民群体的排斥。长期生活在城市“福利城堡”中的城市户籍居民,在天然的而不是通过努力获得的社会资源与竞争方面占据着优势,使得某些居民形成“一等公民”的身份优势意识,他们总是以居高临下的态度对待非城市户籍居民。城市户籍居民对非城市户籍居民的歧视,使后者在心理上有受歧视感和地位低劣感,这从社会心理上形成了无形的屏障,阻止了他们对城市户籍居民的认同、靠拢与适应,加深了城市两个社会群体“鸿沟”。

综上所述,社会排斥是产生“新二元结构”问题社会原因,这种群体性社会排斥是多重因素造成的,既有制度性排斥,如户籍制度、社会保障制度等,又有非城市户籍居民的综合素质、文化和生活方式差异,特定的社会支持网络,也是导致非城市户籍居民受到社会排斥的重要原因[①]。社会排斥使非城市户籍居民难以实现城市融入,他们的市民化进程步履维艰。

3.3.2 城市公共资源供需矛盾

我国城市“新二元结构”问题的实质是城市户籍居民与非城市户籍居民社会排斥,其中制度性排斥消除的主要瓶颈是,城市基本公共服务资源供给的有限性和人口膨胀导致需求的无限性之间的矛盾。

从制度上消除对非城市户籍居民社会排斥,促进他们的社会融合和市民化,高

① 孙立平.断裂——20世纪90年代以来的中国社会[M].北京:社会科学文献出版社,2003:108－110.

昂社会成本是一个现实难题。

城市中非城市户籍人口的快速增长，常住人口规模不断膨胀，导致公共资源需求持续扩大，这就与城市有限的公共资源之间发生了矛盾。大批农民从农村转移到城市定居生活并获得相应福利待遇和均等化公共服务，需要进行各种经济投入。据2013《城市蓝皮书》分析，这种市民化成本主要包括公共成本（政府成本）和个人成本两部分，该研究测算出目前我国农业转移人口市民化的人均公共成本约为每年13万元，其中东、中、西部地区分别为17.6万元、10.4万元和10.6万元，个人成本约为人均每年1.8万元。另外还需要集中支付一笔购房成本，约为人均10.1万元；同时还指出，就算不计通货膨胀，假设中国每年的城镇化率以0.8%～1.0%的速度推进，到2020年，中国城镇化率超过60%，今后还将有近5亿农民需要实现市民化，按人均市民化成本为10万元，则至少需要40万～50万亿元。而据调查，目前25.6%的农民工月收入水平低于1 000元，月收入水平为1 000～2 000元的比例为42.7%，月收入水平为2 000～3 000元的比例为21.1%，月收入水平为3 000～4 000元的比例为6.3%，月收入高于4 000元的比例仅为4.3%。[①] 可见，非城市户籍居民要融入城市，真正实现市民化成本对于政府以及个人来说都是一个沉重的负担[②]。

所以，要从根本上解决我国城市"新二元结构"问题，消除对非城市户籍居民制度性排斥，需要切实解决公共服务资源的供需矛盾。然而，我们对这一问题认识依然是不充分的，我国城市政府往往只是用更为强烈的制度性排斥来缓解公共服务资源的供需矛盾压力，这只能是治标不治本，难以从根本上解决"新二元结构"问题。

3.3.3 公平正义理念缺失

所谓公平正义，一般来说，反映的是人们从道义上、愿望上追求利益关系特别是分配关系合理性的价值理念和价值标准。社会公平正义表现为：权利公平，即承认并保证社会主体具有平等的生存、发展权；机会公平，即社会主体参与社会活动，要求社会确保机会均等；效率公平，即在市场经济条件下，社会公平观念首先要以整个社会的发展为出发点和目的，必须与效率联在一起求公平；分配公平，即合理分配社

① 张庆.农民工就业问题调查研究[J].经济纵横，2013(6).

② 潘家华，魏后凯.城市蓝皮书：中国城市发展报告№.6 农业转移人口的市民化[M].北京：社会科学文献出版社，2013.

会物质财富和精神财富；社会保障公平，即对贫困群众，以及缺乏参与社会选择、社会竞争能力亦即缺乏劳动能力的人和遭遇各种灾难的人平等提供帮助。

公平正义是人类社会文明进步的重要标志，是社会主义的本质要求。“公平正义，就是社会各方面的利益关系得到妥善协调，人民内部矛盾和其他社会矛盾得到正确处理，社会公平和正义得到切实维护和实现。”长期以来，我们党一直关注并积极解决社会公平正义问题。早在 1992 年，邓小平同志就指出：“如果富的愈来愈富，穷的愈来愈穷，两极分化就会产生，而社会主义就应该而且能够避免两极分化。”并设想在 20 世纪末达到小康的时候，我们党就要突出地提出和解决这个问题。进入 21 世纪以后，随着改革开放的不断深入，经济的巨大发展，小康目标的实现，党和国家把维护和解决社会公平正义放到更加突出的位置，要求全党不仅要“更加注重社会公平”，而且要综合运用多种手段，依法逐步建立以权利公平、机会公平、规则公平、分配公平为主要内容的社会公平保障体系，加紧对保障社会公平正义具有重大作用的制度建设，使全体人民朝着共同富裕的方向稳步前进。

公平正义是我国社会主义社会所倡导和维护的主流价值。我们党在领导革命、建设和改革事业过程中，始终贯穿着对公平正义的不懈追求。社会主义的优越性，在很大程度上也体现于这种社会制度较之其他制度能够更有效地保障和实现社会的公平正义。因此，社会主义法治不仅应当鲜明地体现出公平正义的特性，而且必须有效维护社会公平正义这一主流价值。

我国城市化进程中，社会排斥和公共资源供需矛盾固然是“新二元结构”问题的重要成因，但是从根本上说，社会公平正义理念的缺失才是“新二元结构”问题产生的深层社会根源。当前，社会公平正义理念缺失，首先表现为社会制度建构还没有完全体现公平正义精神，诸多不公平的制度依然存在，固化了社会二元结构；其次表现为公平正义意识尚未在全社会真正树立起来，获得各种特权还是许多人追求的目标，社会歧视现象还普遍存在。一句话，解决“新二元结构”问题的社会基础尚未真正形成。

第4章 城市“新二元结构”问题的实证分析

“新二元结构”问题是一个现实的社会问题，本章对“新二元结构”问题进行实证研究，通过实证分析方法，描述我国城市化进程中“新二元结构”问题的具体表现形式，积累经验事实，进而揭示“新二元结构”问题形成的社会和制度原因，为解决“新二元结构”问题提供理论分析基础。

4.1 实证调研设计

4.1.1 调研样本选择

本研究以我国北京、上海、广州3个超大型城市为典型案例，通过采集面板数据和政策文献资料，运用统计分析方法和比较研究方法，对3个超大型城市“新二元结构”问题的表现形式进行实证研究。

同时，以上海为重点调研对象，采用问卷调查和个案调查的方法。问卷调查以非上海户籍的外来居民为调查对象，个案调查以上海市松江区泗泾镇为典型个案，进行实证调研。

4.1.2 问卷调查与个案调查设计

1）调查问卷设计

问卷调查的主题是城市“新二元结构”问题，调查内容是城市“新二元结构”问题的表现形式及现状。调查问卷主要涵盖五个部分：第一，调查对象的基本情况，包括调查对象的性别、年龄、户籍状况、受教育程度、工作状况、收入状况；第二，基本生活状况，包括基本生活条件、城市生活满意度；第三，获得基本公共服务的状况，包括获得社会保障、社会福利、社会救助、就业辅助、义务教育；第四，享有基本社会权利的情况，包括参与社区选举权利、社区活动参与权利；第五，城市社会融入状况，包括户籍政策态度、城市社会认同、城市社会排斥、社会融入的困难。

问卷调查对上海市的 18 个区县(17 区 1 县)通过简单随机抽样，对选取的调查对象进行问卷调查。

2）个案调查设计

个案调查包括问卷调查、访谈和实地观察，对上海市松江区泗泾镇进行系统全面的调查研究。通过简单随机抽样发放 300 份问卷，问卷调查内容与上海市调查内容相同。同时，在泗泾镇人民政府、泗泾镇户籍居民、泗泾镇非上海户籍的外来务工人员中，选择 25 位对象进行深度访谈，并到泗泾镇进行实地观察，系统收集泗泾镇的信息资料。

3）比较研究设计

针对北京、上海、广州 3 个超大型城市的户籍居民和非城市户籍居民，比较研究两大社会群体在基本社会权利的获得、基本公共服务供给方面的差异性。

4.2　问卷调研分析

4.2.1　基本情况分析

对上海市 18 个区县的简单抽样问卷调查共发放 1 500 份问卷，问卷调查采用当场填答问卷，当场完成，当场检查，当场回收的方式进行，收回有效问卷 1 433 份，有效回收率为 95.54%。

对上海市 18 个区县的问卷调查的男女性别比例、年龄结构、文化程度、职业分布的基本情况如表 4－1 所示。

表 4－1　调查样本基本情况

变　量	取　值	百分比(%)
性别	男	48.64
	女	51.36

（续表）

变 量	取 值	百分比(%)
年龄	20及以下	10.02
	21～30	36.07
	31～40	16.43
	41～50	21.24
	51～60	9.82
	60岁以上	6.41
文化程度	初中及以下	29.52
	高中(含中专、职高)	22.51
	大专	22.03
	大学本科	16.97
	研究生	8.97
职业分布	政府机关公务员	3.18
	企业管理人员	2.36
	企业工人	40.72
	个体劳动者	11.08
	技术人员	4.62
	公司职员/文员	7.59
	自由职业者	8.72
	其他行业劳动者	8
	大中学校学生	2.36
	离退休人员	5.95
	无业或待业	5.44

4.2.2 调查结果分析

1) 非城市户籍的外来务工人员就业途径分析

调查统计结果显示，非城市户籍的外来务工人员进入城市工作的途径单一。56.43%的被调查者是通过亲戚朋友介绍，31.36%的被调查者选择自己到单位应聘，只有12.21%的被调查者由中介机构介绍或其他渠道进入城市工作。如图4—1。

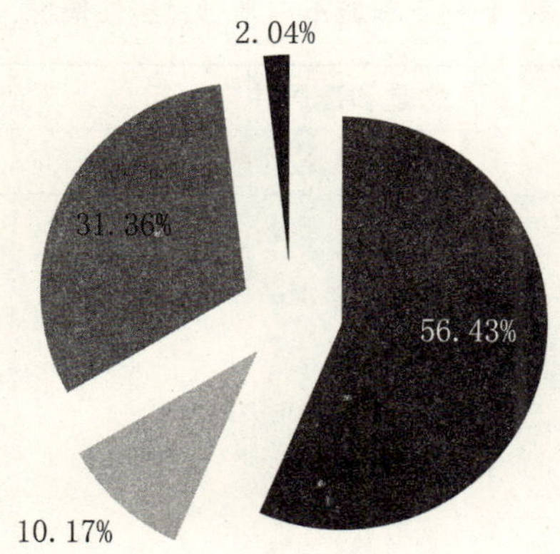

图 4—1　获得的工作途径分析

2）非城市户籍的外来务工人员住房情况

在“您现在居住的房子是？您是和谁居住在一起”的调查中，超过 49%的被调查者选择了“租的”，另外在关于“您是和谁居住在一起”的调查中，56.23%的被调查者选择了与亲戚朋友居住在一起。具体如表 4—2、表 4—3 所示。

表 4—2　非城市户籍的外来务工人员住房情况

您现在居住的房子是？		
项目	人数(人)	百分比(%)
租的	480	49.23
自己买的	170	17.39
单位宿舍	129	13.23
亲戚朋友家	61	6.23
其他	135	13.92
合计	**975**	**100**

表 4—3 非城市户籍居民居住情况

您是和谁居住在一起?		
项目	人数(人)	百分比(%)
亲戚朋友	548	56.23
工友、同事	132	13.39
跟别人合租	129	13.23
仅自己一人	123	12.77
和家人一起	43	4.38
合计	**975**	**100**

3）户籍制度对非城市户籍的外来务工人员产生什么影响的分析

在“户籍制度对非城市户籍的外来务工人员产生什么影响?”、“非城市户籍的外来务工人员城市融入的最主要障碍是什么?”这两项调查显示，认为户籍制度对非城市户籍的外来务工人员影响最大的依次为，子女教育机会(26.9%)、享有社会保障权利(22.8%)、就业机会(19.1%)、社会福利(17.6%)四个方面。如图 4—2 所示。

有 21%的被调查者认为，非城市户籍外来务工人员融入城市的主要障碍是户籍制度。上述调查数据显示，户籍制度是影响非城市户籍的外来务工人员能否获得与上海户籍居民相同的社会权利的重要因素。如图 4—3 所示。

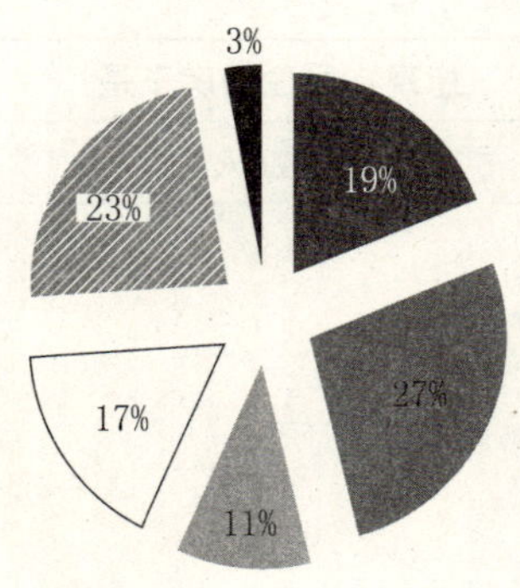

图 4—2 户籍制度对外来务工人员的影响

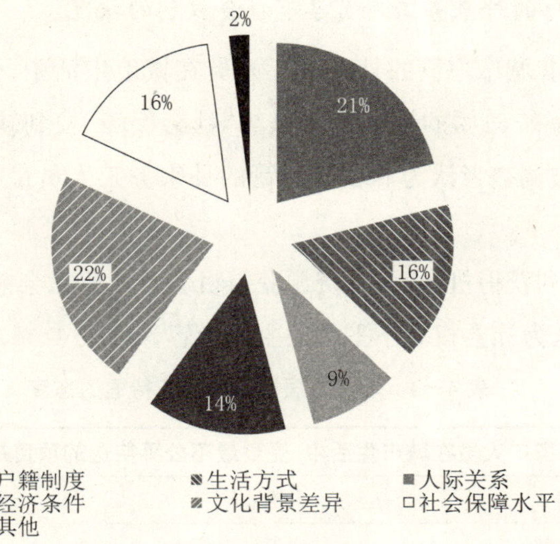

图4—3 无法留在城市的障碍分析

4）非城市户籍的外来务工人员享受基本公共服务状况分析

关于是否应当将非城市户籍的外来务工人员纳入城市社会保障体系问题的调研。问卷调查分析显示，45.80%的被调查者认为应当将非城市户籍的外来务工人员纳入城市社会保障体系。38.20%的被调查者认为，目前尚不具备将非城市户籍的外来务工人员纳入城市社会保障体系，条件成熟后应当将他们纳入城市社会保障体系。如图4—4。

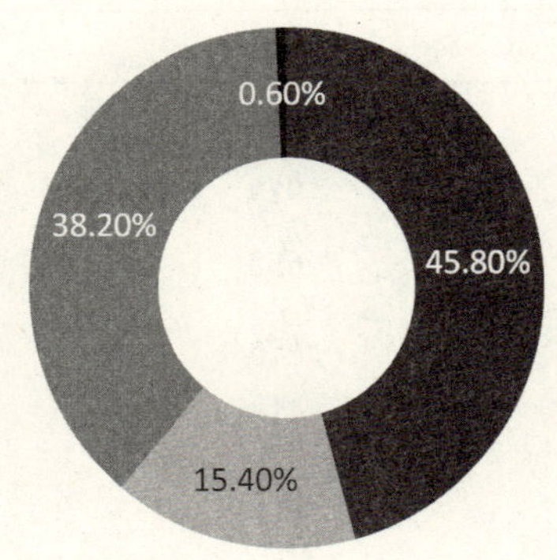

图4—4 非城市户籍居民对城市社会保障体系态度

5）非城市户籍的外来务工人员享有社会权利的状况

关于“您认为非城市户籍的外来务工人员在城市生活中，受到最不公平待遇的项目是哪些”询问，有61%的被调查者认为“社会保障”权利缺失，是最不平等的待遇，有75.38%的被调查者认为非城市户籍的外来务工人员最需要获得的公平待遇也是“社会保障”。

此外，社会福利获得机会、教育资源获得机会及就业机会差异，也是非城市户籍的外来务工人员认为社会权利不平等的主要内容。如表4—4、表4—5所示。

表4—4 非户籍居民对不公正待遇的态度

您认为外来务工人员在城市生活中，受到最不公平待遇的项目是哪些？（多选）		
项目	人数（人）	百分比（%）
社会保障	874	61.00
就业歧视	708	49.38
公共服务歧视	519	36.23
社会福利获得	785	54.77
教育资源获得	677	47.23
其他	64	4.46
合计	**3 627**	**253.08**

表4—5 非户籍居民希望获得的待遇

您认为外来务工人员城市融入中至少在哪几个方面要获得平等待遇？（多选）		
项目	人数（人）	百分比（%）
社会保障	1 080	75.38
基础教育	929	64.82
就业扶助	622	43.38
工资待遇	722	50.36
社区服务	413	28.82
利益诉求表达渠道	281	19.59
社会管理参与	4047	27.79
合计	**1 080**	**310.15**

6）非城市户籍的外来务工人员城市社会融入状况

调查统计显示，非城市户籍的外来务工人员城市社会融入的愿望十分强烈，80%以上的被调查者认为"十分希望"融入城市社会。但是他们与户籍居民交流不多，关于非城市户籍的外来务工人员和户籍居民的交流询问，有 42.50%的被调查者认为"从来不交流"，有 20.60%选择"希望交流，但不交流"。

非城市户籍的外来务工人员也较少参与社区的各种活动。有 39.01%的被调查者认为"不参加各种社区活动，是因为没有资格参加"，有 25.81%的被调查者认为"不会参加，因为不想参加"。如表 4—6、表 4—7 所示。

表 4—6　参加社区活动情况

您会参加政府或者居委会组织的各种社区活动吗？		
项目	人数(人)	百分比(%)
不会，因为不让参加	559	61
不会，因为不想参加	370	49.38
会经常参加	315	36.23
偶尔会参加	189	54.77
合计	**1 433**	**253.08**

表 4—7　与本地户籍交流情况

外来务工人员与本地户籍人员交流多么？		
项目	人数(人)	百分比(%)
从来不交流	609	75.38
经常交流	236	64.82
偶尔交流	178	43.38
交流不多但希望交流	410	50.36
合计	**1 433**	**100**

7）对促进非城市户籍的外来务工人员城市社会融入政策的态度

关于是否应当给予非城市户籍的外来务工人员市民待遇，并且降低城市户籍准入门槛，有 65.32%和 58.38%的被调查者选择了"给予外来务工人员市民待遇"和

“降低城市户籍门槛”。如图 4—5 所示。

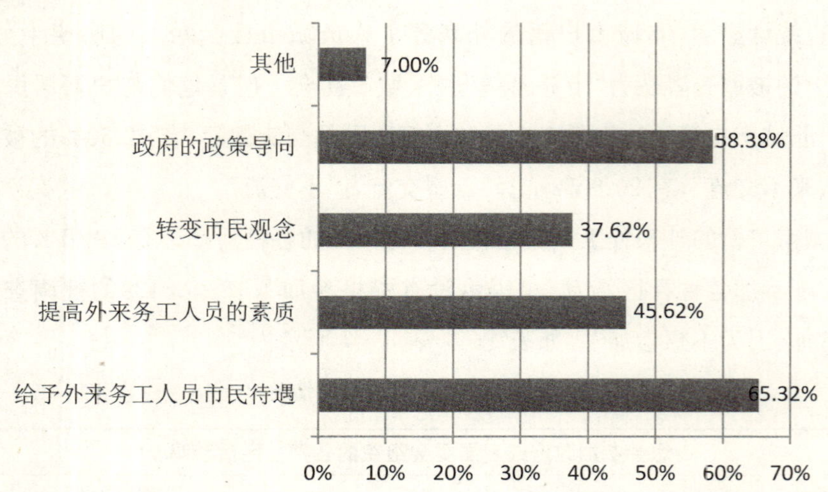

图 4—5 政府如何促进非城市户籍的外来务工人员社会融入

在“打破新二元结构的关键”询问中，“给予非城市户籍的外来务工人员市民待遇”被认为是打破新二元结构的关键，42.24%的被调查者选择了此项，另外有23.18%选择了“政府政策导向”，21.13%的被调查者选择了“提高非城市户籍的外来务工人员的素质”，而 13.45%的被调查者选择了“转变市民观念”和“其他”。如图 4—6 所示。

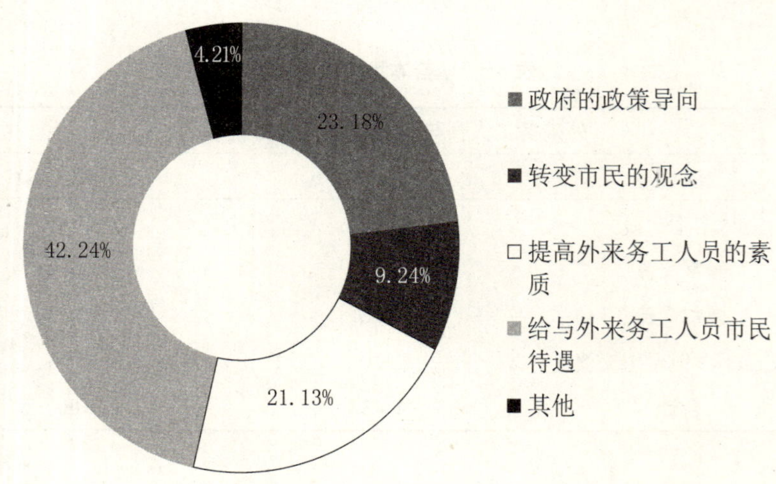

图 4—6 打破新二元结构的关键

最后，在“您认为地方政府的哪项工作对促进非城市户籍的外来务工人员城市社会融入最重要”调查中，“解决非城市户籍的外来务工人员子女教育问题”和“制定各类相关政策和制度”被认为是促进非城市户籍的外来务工人员城市融入最重要的因素。如图 4—7 所示。

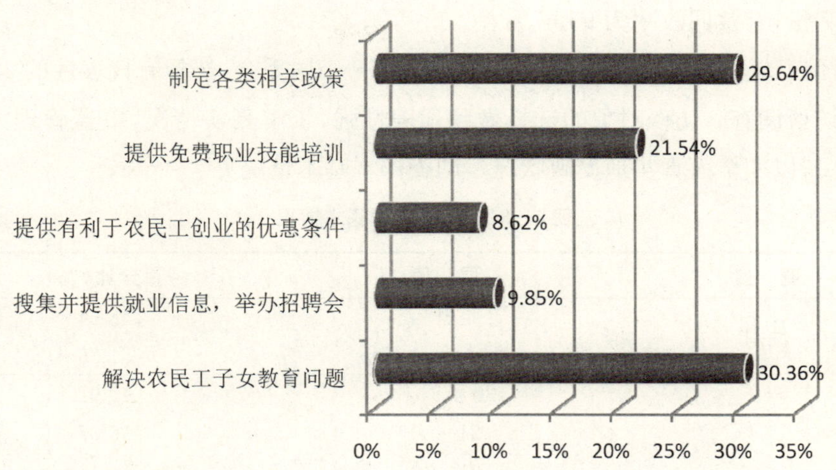

图 4—7　哪项政策对外来务工人员城市融入最重要

4.3　个案调研分析

4.3.1　基本情况分析

1）泗泾镇基本情况介绍

城乡结合部是非城市户籍的外来务工人员相对集中的地区，“新二元结构”问题也相对比较严重。

上海市松江区泗泾镇位于上海市西南的城乡结合部。泗泾镇是有着 1 000 多年历史的古镇。泗泾镇整个行政区划 24.04 平方公里，有 12 个行政村 7 个居委会。泗泾镇共有常住居民 10 4513 人，其中泗泾镇户籍人口 21 880 人，非城市户籍的外来人口 82 633 人，非城市户籍的外来务工人员占泗泾镇总人口的 80%。

“新二元结构”问题表现为城市户籍人口与非城市户籍外来人口之间的社会分割。泗泾镇 80%以上为非城市户籍的外来人口，泗泾镇镇政府提供的基本公共服务难以满足快速膨胀的人口规模。公共服务需求的无限增加和镇政府提供公共服务财力有限性矛盾十分突出，所以，将泗泾镇列为调查对象具有典型意义。

2）调查基本情况

泗泾镇问卷调研。在10个行政村和7个居委会共发放问卷300份，收回有效问卷287份，有效回收率为95.67%。

泗泾镇访谈调查。在泗泾镇10个行政村、7个居委会，选择有代表性的25位对象进行访谈调查。访谈对象的选择做到代表性强，了解真实情况，覆盖管理人员和普通市民，以期全面真实地反映状况。调查样本基本情况见表4－8。

表4－8　调查样本基本情况

变　量	取　值	百分比(%)
性别	男	48.64
	女	51.36
年龄	20及以下	10.02
	21～30	36.07
	31～40	16.43
	41～50	21.24
	51～60	9.82
	60岁以上	6.41
文化程度	初中及以下	29.52
	高中(含中专、职高)	22.51
	大专	22.03
	大学本科	16.97
	研究生	8.97
职业分布	政府机关公务员	3.18
	企业管理人员	2.36
	企业工人	40.72
	个体劳动者	11.08
	技术人员	4.62
	公司职员/文员	7.59
	自由职业者	8.72
	其他行业劳动者	8
	大中学校学生	2.36
	离退休人员	5.95
	无业或待业	5.44

4.3.2 调查结果分析

泗泾镇问卷调查和访谈结果显示，泗泾镇的“新二元结构”问题与上海全市的问卷调查得到的结论基本一致，只是某些方面问题更为突出。具体问题主要表现在以下几个方面：

1）现行户籍制度严重阻碍非城市户籍的外来务工人员社会融入

关于户籍制度对非城市户籍的外来务工人员的影响调查显示，“影响社会保障获得”和“影响社会福利获得”在泗泾镇表现尤为突出，两项分别达到了25.44%和23.69%。如图4—8所示。

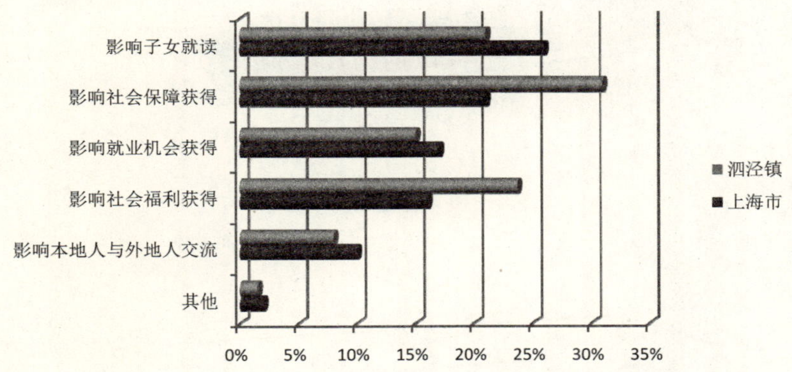

图4—8 户籍制度对外来务工人员的影响比较

关于影响非城市户籍的外来务工人员的城市融入最大障碍调查，“户籍制度”和“社会保障权利缺失”是非城市户籍的外来务工人员社会融入的最大阻碍。如图4—9所示。

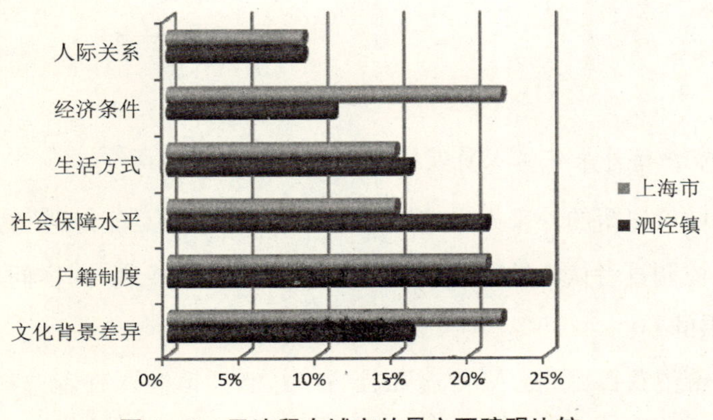

图4—9 无法留在城市的最主要障碍比较

2）城市户籍居民与非城市户籍的外来务工人员社会分割严重

泗泾镇被调查对象居住环境情况选择“租房”、“单位宿舍”和“亲戚朋友家”三项的人数，要比全市被调查对象更多，分别达到了 54.36%、19.86%和 14.29%，而上海市只有 49.23%、13.23%和 6.23%。在居住情况方面，泗泾镇被调查者更多与亲戚朋友居住在一起，为 62.86%，而上海只有 56.23%。如图 4－10、图 4－11 所示。

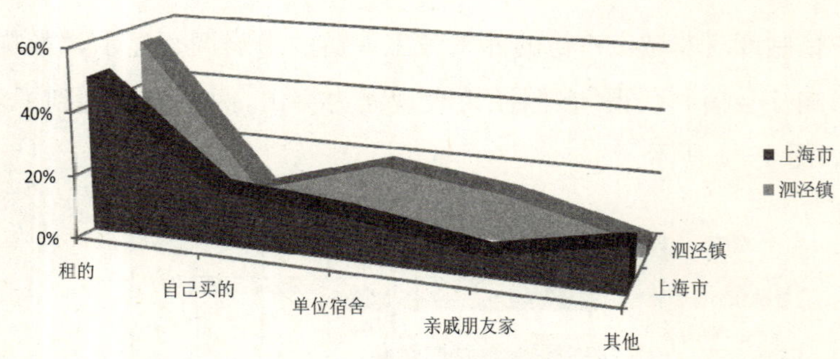

图 4－10　居住的房子比较

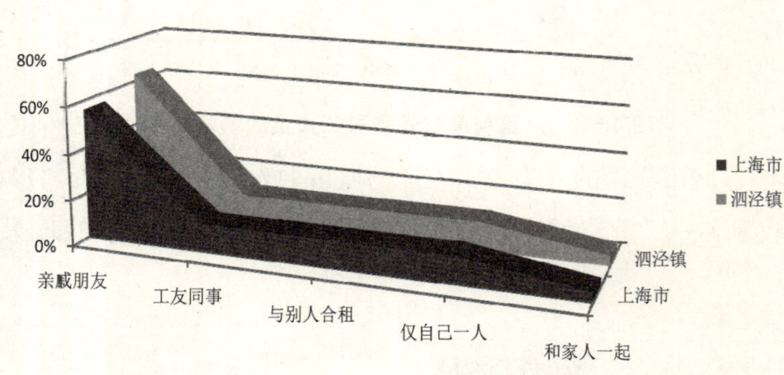

图 4－11　居住群体比较

3）非城市户籍外来务工人员获得基本公共服务情况

关于“非城市户籍的外来人口在城市中生活，有哪些不公待遇”的调查，73.41%和 65.52%的被调查者认为缺乏社会保障和社会福利的权利，同样问题分别高于上海市抽样结果的 60%和 55%。

在关于“希望获得哪些公平待遇”的调查中，泗泾镇被调查者选择“社会保障”、“工资待遇”和“社区服务”等的数量，都要高于上海市的抽样调查。如图 4－12、

图 4－13、表 4－9、表 4－10 所示。

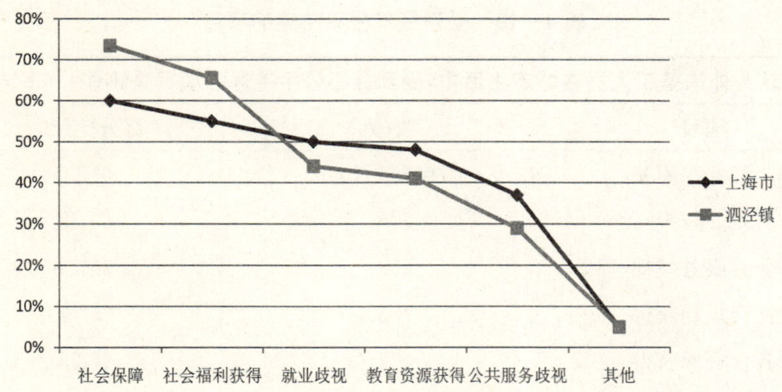

图 4－12　享受不公平待遇项目比较

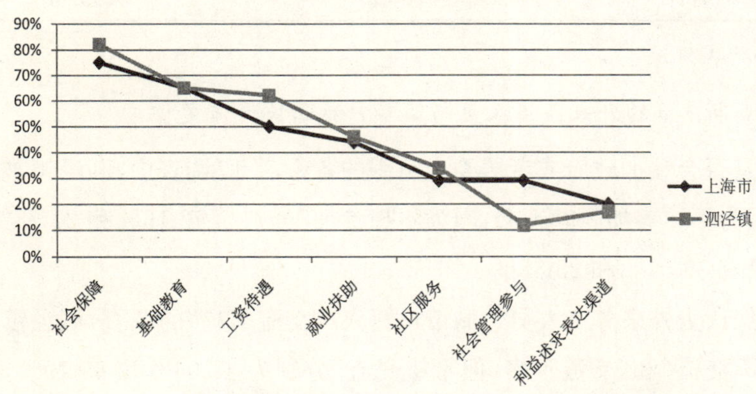

图 4－13　期望获得公平待遇项目比较

表 4－9　户籍制度对外来务工人员产生的影响

户籍制度对外来务工人员产生的影响		
选　项	**人数(人)**	**百分比(%)**
影响子女就读	65	22.65
影响社会保障获得	73	25.44
影响就业机会获得	47	16.38
影响社会福利获得	68	23.69
影响本地人与外地人交流	27	9.41
其他	7	2.44
合计	**287**	**100**

表 4—10 受到最不公平待遇的项目

您认为外来务工人员在城市生活中，受到最不公平待遇的项目是哪些？（多选）		
项目	人数(人)	百分比(%)
社会保障	874	61.00
就业歧视	708	49.38
公共服务歧视	519	36.23
社会福利获得	785	54.77
教育资源获得	677	47.23
其他	64	4.46
合计	**3 627**	**253.08**

4）非城市户籍的外来务工人员与城市户籍居民交流更少

在“您是否会参加政府或者居委会组织的各种活动”调查中，泗泾镇被调查者选择“不会，因为不让参加”和“不会，因为不想参加”分别为 42.16%和 21.78%，而上海全市调查只有 39.01%和 25.82%。

关于“您认为外来务工人员与城市户籍人口交流多吗”的调查，泗泾镇被调查者选择“从来不交流”和“交流不多，但希望交流”分别为 47.04%和 35.19%，而上海全市只有 42.50%和 28.61%。如图 4—14、图 4—15 所示。

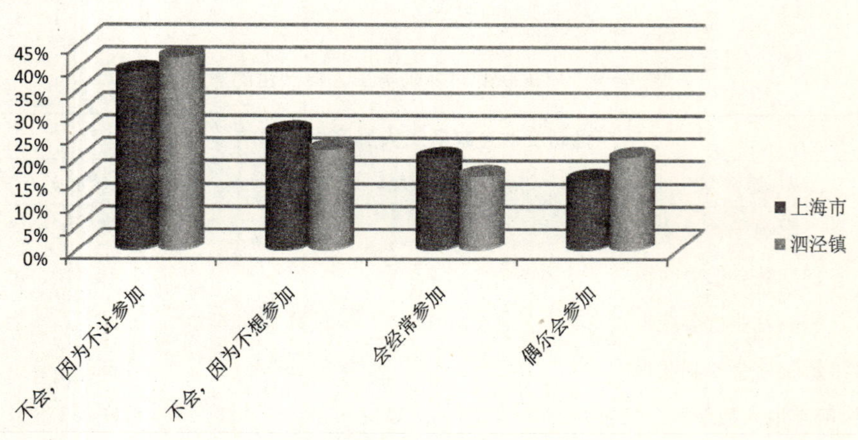

图 4—14 是否参加社区活动比较

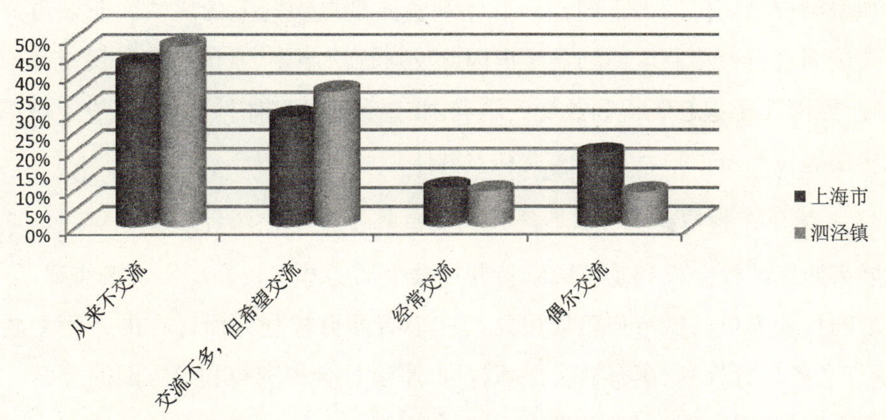

图 4—15　外来与本地居民交流情况比较

4.3.3　问卷与个案调查分析

本研究基于对问卷调查和个案调查的信息分析，认为上海的"新二元结构"问题，存在以下5个方面的典型表现：

1）非城市户籍的从业人员与城市户籍居民存在明显的身份差异

实证调查显示，户籍制度在上海城市社会生活中仍然具有特殊意义。非城市户籍的从业人员中部分申领了居住证，多数人申领了临时居住证(原暂住证)，但是与城市户籍相比，仅有人口管理和统计上的意义，没有明确的城市户籍身份和与之相应社会权利功能。虽然，申领了居住证和临时居住证的非城市户籍的从业人员也能够在一定范围内享有上海的基本公共服务待遇，但是与城市户籍居民所享有的待遇水平相比，还存在着较大的差距。城市户籍居民依然可以凭借其户籍身份获得诸多特殊的社会权利，而这些社会权利将城市户籍居民非城市户籍的居民分割为两大社会群体。

实证调查显示，非城市户籍的外来务工人员与城市户籍居民对户籍制度的看法也有着明显差异。关于对现行户籍制度看法，100%非城市户籍的从业人员认为现行户籍制度不合理，部分调查对象甚至主张户籍制度应立即取消。但是城市户籍居民中，33%的调查对象认为现行户籍制度合理应当继续坚持，46%的调查对象认为现行户籍制度不合理，但有存在的必要性，仅有19%的调查对象认为户籍制度不合理。上述调查统计表明，在城市户籍问题上，非城市户籍的从业人员和城市户籍居民之间存在明显的认识分歧，这种认识上对立是，现行户籍制度导致非城市户籍的居民和城市户籍居民两大不同社会群体利益差别在观念上的反映。非城市户籍的从业人员因现行户籍制度而利益受损因此反对户籍制度，城市户籍居民反对取消户籍制度，原因在于担心既得利益受到影响，社会利益的群体性差异，形成了城市中非城市户籍居民和城市户籍居民两大利益群体。

2）非城市户籍的从业人员与城市户籍居民享有社会权利的差异

城市居民的社会权利是市民维持其社会生活的基本权利。实证调查显示，非城市户籍的从业人员与城市户籍居民之间在享有社会权利方面存在的差距主要表现在，享有义务教育权利、享有社会保障权利、享有社会福利权利等方面的差异。

调查数据统计表明，64.4%的非城市户籍从业人员的调查对象认为子女受教育权利受户籍制度限制；54.6%的非城市户籍从业人员的调查对象认为不能平等地获得社会保障权利；45.8%的非城市户籍从业人员的调查对象认为不能获得平等的就业机会；42.2%的非城市户籍从业人员的调查对象认为不能平等地享有社会福利权利。

问卷调查显示，在非城市户籍从业人员的调查对象中，61.2%的调查对象认为社会保障待遇不公平；55%的调查对象认为社会福利待遇不公平；49%的调查对象认为存在就业歧视；47.4%的调查对象认为教育资源获得不公平；33.3%的调查对象认为基本公共服务享有待遇不公平。

近年来，上海市政府逐步将附加在城市户籍上的社会权利加以剥离，非城市户籍从业人员享有的社会权利逐步增加。但是，许多社会权利依然与户籍挂钩，上海户籍居民在社会保障、社会福利等诸多方面仍然享有非城市户籍从业人员难以获得的社会权利。两大社会群体享有社会权利的差距也是“新二元结构”的典型表现之一。

3）非城市户籍的从业人员与城市户籍居民享有经济权利的差异

城市居民的经济权利是市民经济活动中的基本权利。实证调查显示，非城市户籍的从业人员与城市户籍居民之间在享有经济权利方面存在的差距主要表现在，享有就业权利、享有获得劳动报酬权利、享有住房权利、享有休息权利等方面的差异。

实证调研显示，非城市户籍的从业人员往往受到就业歧视，也难以获得政府的就业辅助，非城市户籍的从业人员难以通过正规渠道获得理想的工作，寻找工作的渠道多数通过亲朋好友的介绍，多数人在传统制造业、低端服务业从事无技术的简单劳动，工资待遇水平低，生活条件普遍比较差。

从上海市松江区泗泾镇的个案调查中发现，非城市户籍的从业人员成为支撑当地经济发展的主要劳动人口。但是，非城市户籍的从业人员几乎没有在政府机关、事业单位工作的，多数人收入水平很低，他们的平均工资收入远远低于城市户籍从业人员。非城市户籍的从业人员的居住条件普遍较差，多数居住在“城中村”。

4）非城市户籍的从业人员与城市户籍居民之间存在文化的差异

上海虽然是一个移民人口占多数的城市，严格意义上讲，上海就是一个移民城市。但是，近代以来上海已经形成了独特的海派文化，上海市民生活方式、方言，娱乐方式，感情表达方式等都与外来从业人员有很大的不同。实证调查显示，调查对象在回答“您认为制约外来务工人员城市社会融入的主要障碍是什么”询问时，51.1%的调查对象认为，生活方式和文化背景差异阻碍非城市户籍的从业人员融入城市。生活方式差异和文化隔阂是形成“新二元结构”问题的最重要因素之一。

5）非城市户籍的从业人员与城市户籍居民之间存在社会网络支持差距

社会网络支持是指社会成员通过社会联系所能获得的他人在精神或物质上支持的社会关系网络。有效的社会支持网络是个体应对压力的关键资源，一定程度上它可以帮助社会成员避免生存风险，而且还可以帮助社会成员减轻生存压力，感受到被社会支持的快乐等。

实证调查显示，非城市户籍的从业人员进入城市，失去了原来的社会支持网络，进而失去了社会支持网络所提供的资源支持。由于非城市户籍的从业人员自身素质较低，难以通过更换工作或者职务晋升，来实现垂直社会流动。此外，在精神和情感方面，城市属于“陌生人社会”，来自五湖四海的人们聚居在一起，他们之间不具备基于血缘和地缘的天然感情。所以，非城市户籍的从业人员在上海城市新的生存环境中“人生地不熟”，尤其是农村进城的从业人员，失去了农村建立在传统血缘关系和地域关系基础上的社会支持网络，进而失去了社会网络所提供的资源支持。面对物质和精神方面的双重困境，外来务工人员群体积极建构自己的社会支持网络，以化解在城市生存发展所面临的各种困难。这种社会支持网络虽然使非城市户籍的从业人员在工作生活中可以获得一定程度相互依靠。但是，其能够动员的资源相当有限，而且由于较强的封闭性，使他们处于相对孤立状态，难以获得广泛的社会帮助和情感支持，更不利于融入城市。

上海市松江区泗泾镇的个案调研显示，许多非城市户籍的从业人员进城务工主要依靠原有的社会支持网络，进城后依然依靠同乡建立起新的社会支持网络，这可以很好地解释为什么来自于同一地区的外来务工人员，往往集聚在同一地区，从事几乎相同的工作，而这一状况加剧非城市户籍的从业人员与城市户籍居民之间分割，严重阻碍着两大群体的社会融合。非城市户籍的从业人员城市社会网络关系和社会资本缺乏，是“新二原结构”的重要表现之一。

4.4 北京、上海、广州“新二元结构”问题比较分析

4.4.1 非城市户籍居民享有社会权利比较分析

1）社会保障权利

(1)北京市非城市户籍居民享有社会保障权利情况分析。

近30年来，外来人口大量地涌入北京。在“2004—2020年北京市城市总体规划”中，北京市提出了人口总规模为“2020年北京市居住人口规模控制在1 800万人”。然而，到2013年末，北京市常住人口已经达到2 115万人，且数量仍在不断上升。非城市户籍的外来人口大量进入北京，对于北京的资源供应、环境保护带来了众多的影响。这直接导致北京市政府对北京户籍实行了严格的管理制度。北京市政府制定社会保障制度，以及居民享有社会保障权利的依据是北京市户籍，而对于非北京市户籍人口，实行特殊的社会政策。

北京市关于非北京户籍常住人口政策可以划分为四个阶段：

第一阶段(1978年至1983年)：严格限制外地人口流入阶段。出台了相关政策例如《中华人民共和国户口登记条例》、《城市流浪乞讨人员收容遣送办法》、进京介绍信制度等。

第二阶段(1984年至1988年)：流动人口政策相对开放阶段。相关政策包括《国务院关于农民进入集镇落户问题的通知》、《关于暂住人口户口管理的规定》。

第三阶段(1989年至2000年)：流动人口管制阶段。相关政策包括《北京市外地人员务工管理办法》；《中央社会治安综合治理委员会关于加强流动人口管理工作的意见》；《北京市外地来京人员务工管理规定》《北京市郊区小城镇建设试点城镇户籍

管理试行办法》;《北京市外地来京人员计划生育管理规定》《北京市流动人口计划生育管理规定》等。

第四阶段(2001年至今):调整转型阶段。其相关政策包括《北京市农民工养老保险暂行办法》《北京市外地农民工参加基本医疗保险暂行办法》《北京市外地农民工参加工伤保险暂行办法》。并废除《北京市外地来京务工经商人员管理条例》《北京市外地来京人员租赁房屋管理规定》《北京市外地来京人员务工管理规定》等一系列针对流动人口歧视性政策法规,实施了“北京工作寄住证”、“北京市工作居住证”。

上述户籍政策逐步从严到宽,为逐步缩小北京市户籍居民与非北京户籍居民之间在社会保障权利方面的差异提供了条件。

首先,在养老保险方面,北京市出台了《关于贯彻落实国务院统一城乡居民基本养老保险制度暨实施城乡养老保险制度衔接有关问题的通知 》,规定参加北京市职工养老保险的外埠户籍人员,需办理制度衔接手续的,先按职工养老保险有关规定确定待遇领取地,并将职工养老保险关系归集到待遇领取地,再办理两种制度衔接手续。外埠户籍人员在本市参加职工养老保险缴费满10年以上且具有永久性个人账户的,即可将职工养老保险待遇领取地确定为本市,可申请将居民养老保险转入职工养老保险,并按城镇职工养老保险办法计发待遇。该政策可以看出对于非户籍人口来说,尽管可以参加北京的职工养老保险,但是参加保险的条件较苛刻,例如仅外埠户籍人员参加北京的职工养老保险缴费满10年这一门槛,对于农民工来说就已经很高了。因此根据2010年国家人口和计划生育委员会流动人口动态监测调查的数据显示北京市流动人口社会保险参加状态中,养老保险未参加比重为71.9%,参加比重为28.1%。这显示出北京是只有不到三成的非户籍流动人口参加了养老保险,而且非户籍人口未被完全覆盖。

其次,在医疗保险方面,北京市在2004年发布的《北京市外地农民工参加基本医疗保险暂行办法》规定:外省市农民工自2004年9月1日起应按规定参加医疗保险,医疗保险为住院治疗的医疗费用、急诊抢救留院观察并收入住院治疗的,住院前留院观察7日内的医疗费用以及恶性肿瘤放射治疗和化学治疗、肾透析、肾移植后服抗排异药的门诊医疗费用,这一规定与北京市城镇职工医疗保险待遇水平差距很大,这导致了非北京户籍人口的参保比例明显低于北京户籍人口。

再次,在社会救助方面,北京市政府2015年5月发布了《北京市人民政府关于进一步完善本市临时救助制度的通知》,临时救助的对象范围仅为本市户籍或持有本市居住证的城乡居民家庭或个人。这就把没有居住证的非北京户籍居民排斥在救助制度之外,而恰恰没有居住证的外来务工人员是最要救助的。

最后,在住房保障方面。北京市户籍人口与非户籍人口所享受的住房保障政策资源差异显著。北京市保障性住房主要包括经济适用房、廉租房、限价房和公共租赁房等。北京明确规定非北京户籍人口不能够购买经济适用房、廉租房和限价房。北京市安居工程针对的人群主要是有北京市户籍居民。2011 年发布《北京市公共租赁住房申请、审核及配租管理办法》公租房的租赁开始非北京户籍的居民开放,但是限定了供给额度,由于名额较少,且租赁手续繁杂、条件较为苛刻,实际所起作用极为有限。

从总体上看,北京市户籍居民与非北京市户籍居民的社会保险参保水平和参保率都存在很大差距。北京市基本公共服务供给政策主要依据户籍制度,大多数基本公共服务资源只针对北京市户籍居民,北京市户籍是市民享有社会权利的依据,这导致非北京市户籍居民还不能够充分享受政府提供的基本公共服务。

北京市户籍居民与非北京市户籍居民社会权利获得的差异性,导致非北京市户籍居民的社会保险参保率较低。以"五险一金"的参保率来看,参与率最高的医疗保险也不过是 33.33%,其他社会保险都在 30%以下,尤其是生育保险和住房公积金参与率不足 10%,综合各类社会保险看,在京非户籍人口中有 60%左右人口未参加任何一项保险。[①] 如表 4-11 所示。

表 4-11 流动人口"五险一金"参与状况

比重(%) 类别	流动人口	户籍人口
养老保险	28.1	80.2
医疗保险	33.8	90.2
工伤保险	27.6	42.5
失业保险	19.8	48.8
生育保险	4.7	31.0
住房公积金	8.6	37.4

资料来源:北京市 2010 年流动人口动态监测调查数据

① 北京社会治理发展报告(2013-2014)[M]. 北京:社会科学文献出版社, 2014:53.

(2)上海市非城市户籍居民享有社会保障权利情况分析。

另一特大城市上海，非上海户籍人口与上海户籍人口在享受养老保险和医疗保险待遇方面也存在较大差距。

首先，在社会保险方面。2002年上海设立了针对非上海户籍外来人口的《上海综合保险》，上海综合保险制度包括工伤(或者意外伤害)、住院医疗和老年补贴等三项保险。2011年7月1日我国《社会保险法》生效，上海将在本市就业的非上海户籍人口纳入城镇职工社会保险范围内，开始将非户籍人口的“综合保险”向城镇职工社会保险转变，并且设立了5年过渡期。虽然非上海户籍人口通过“综合保险”纳入“城镇职工保险”，但是非户籍人口所获得的医疗、养老等保障仍然与户籍人口有着较大差距。非户籍人口只是享受到了户籍人口的社会保险中的一部分保险待遇。

其次，在住房保障方面。2010年上海市颁布了《本市发展公共租赁住房的实施意见》。上海公共租赁政策将非上海户籍人口纳入政策覆盖人群。上海公共租赁租房政策允许持有《上海市居住证》和连续缴纳社会保险金达到规定年限的非上海户籍人员可以申请公共租赁租房。然而，上述两个限制条件，使得许多社会下层的外来务工人员被排斥在政策之外。

再次，在社会救助方面。2014年上海市人民政府印发《关于本市贯彻〈社会救助暂行办法〉的实施意见》通知规定，上海市社会救助体系的覆盖范围是户籍人口中的贫困失业者、老年贫困者、残疾贫困者、单亲家庭贫困者、灾民、流浪乞讨人员等群体。非上海户籍人口被排斥在救助制度之外。而恰恰占上海常住人口仅40%的非上海户籍人口是最需要获得社会救助的。

(3)广州市非城市户籍居民享有社会保障权利情况分析。

广州市针对大量非户籍人口的涌入，先后出台了《广州市人民政府引发关于加强广州市人口调控和服务管理工作的意见及配套文件的通知》、《关于加强广州市人口调控和服务管理工作的意见》、《广州市户口迁入管理办法》、《广州市积分制入户管理办法》、《广州市农民工及非本市十城区居民户口的城镇户籍人员积分制入户办法(试行)》及细则、《广州市来穗人员承租市本级公共租赁住房实施细则(试行)》等一系列人口管理政策，推动非城市户籍人口享受到的公共服务资源。① 但是，广州市

① 陈穗杰.广州完善政策 推动来穗人员有序融入[OL].广东政法网，2014-05-28.

城市户籍居民和非城市户籍居民之间社会保障待遇水平还是存在很大差距。

首先，在社会保险方面。依照1999年《广东省职工社会养老保险暂行规定》在广州灵活就业的非广州户籍人口可以参加职工养老保险；依照2012年广州市人民政府出台的关于《广州市城镇职工基本医疗保险试行办法》规定，非广州户籍居民可以参加广州市城镇职工基本医疗保险，但是上述两个规定都附加了一系列条件，许多非广州户籍的外来务工的人员因不具备条件而不能享有养老医疗保险待遇。

其次，在社会救助方面。2015年出台的《广州市最低生活保障办法》规定，非广州户籍人口无法获得广州政府社会救助。

再次，在住房保障方面。2007年颁布的《广州市城市廉租住房保障制度实施办法(试行)》和《广州市经济适用住房制度实施办法(试行)》两个文件规定，广州保障性住房政策覆盖对象均是本市户籍低收入住房困难家庭。2013年出台了《广州市公共租赁住房保障制度实施办法(试行)》规定，政府建设的公共租赁房，职能由广州市户籍居民申请，只有社会建设的公共租赁房，才有条件地允许非广州户籍的常住居民申请。

2) 平等受教育权利

非户籍人口享受社会权利的另一个重要方面在于获得与城市户籍人口平等的受教育权利，教育机会是否公平是“新二元结构”问题的一个重要表征。

(1)北京市非城市户籍居民享有受教育权利情况分析。

北京市政府先后出台了《流动儿童少年就学暂行办法》,《关于贯彻国务院办公厅进一步做好进城务工就业农民子女义务教育工作文件的意见》等政策，但是这些政策对北京户籍人口和非北京户籍人口适龄子女的入学条件就做了不同规定：如《北京市教育委员会关于2015年义务教育阶段入学工作的意见》中规定，凡年满6周岁的本市户籍适龄儿童均须按区县教委划定的学校服务片参加学龄人口信息采集，免试就近入学。而非本市户籍的适龄儿童少年，需要其父母或其他法定监护人持本人在京务工就业证明、在京实际住所居住证明、全家户口簿、在京暂住证、户籍所在地街道办事处或乡镇人民政府出具的在当地没有监护条件的证明等相关材料，到居住地所在街道办事处或乡镇人民政府审核，通过审核后才能参加学龄人口信息采集，并到居住地所在区县教委确定的学校联系就读。显然，非北京市户籍的适龄儿童少年，就学需要附加诸多条件。

(2)上海市非城市户籍居民享有受教育权利情况分析。

上海市也先后颁布了一系列政策，允许非上海户籍人口的适龄子女在上海接受义务教育，但是，同样附加了诸多条件。根据《上海市人民政府办公厅转发市教委等四部门关于来沪人员随迁子女就读本市各级各类学校实施意见的通知》规定，2015 年进城务工人员适龄随迁子女(非户籍人口的子女)在满足以下条件之一才可以在本市接受义务教育：适龄儿童持有有效期内的《上海市临时居住证》，适龄儿童父母一方须持有效期内的《上海市居住证》；父母一方持有效期内《上海市临时居住证》满 3 年且连续 2 年在街镇社区事务受理服务中心办妥灵活就业登记。

此外，上海规定非上海户籍人口的随迁子女义务教育阶段可以进入公办学校，但是在非上海户籍人口密集的地区，公办教育资源紧缺，加之，非上海户籍人口的随迁子女入学后，由于社会歧视的存在，户籍人口的子女逐渐退出了随迁子女所在的学校，而形成了实际意义上的户籍分隔明显的“外来人口子弟学校”，而这些学校相对教育质量和教学设施都较差，也造成了在事实上非户籍人口子女享受的义务教育的教学环境和户籍人口子女的教学环境的巨大差异。

(3)广州市非城市户籍居民享有受教育权利情况分析。

2015 年广州市政府颁布的《广州市义务教育阶段学校招生工作指导意见》规定，在义务教育阶段，非广州市户籍适龄儿童，由其父母或其他法定监护人按各区教育行政部门规定进行报名。虽然，广州市没有规定非广州户籍人口的子女入学条件，但是由于不同的区有不同的具体招生要求，实际情况是每城区都设定了非广州户籍人口的子女入学条件。

综上所述，我国三个超大型城市，北京、上海和广州非城市户籍的外来人口数量规模都是处于全国前列的。近年来，虽然三个城市政府在推进社会权利平等方面做了大量工作，但是，在这三个城市中，非城市户籍居民与城市户籍居民所享受的社会权利依然存在较大差距。

4.4.2　非城市户籍居民享有经济权利比较分析

1) 就业机会

(1)北京非城市户籍居民享有就业机会情况分析。

北京市不断改善非城市户籍居民的就业环境。1995 年北京发布了《北京市外地来京人员务工管理规定》，对外来务工人员作了一系列限制性管理规定。2004 年废除了《北京市外地来京人员务工管理规定》，这为非北京户籍居民在京就业提供了更加公平的环境。目前，在北京一些行业，非北京户籍人口的就业率高于北京户籍人口。如北京市保安行业目前有近 30 万从业者，但北京本地户籍从业人员不到 9 000人，95%以上是非北京户籍。地铁安检员是政府购买服务的岗位，现在有从业人员 9 000 人左右，95%以上是非北京户籍。然而，北京迫于人口规模压力，北京实施了“以业控人”的人口调控目标，北京市鼓励用人单位更多吸纳北京户籍的劳动者就业。这一政策带有明显的就业歧视，但是却也是无可奈何之举。这说明北京的就业公共服务资源对非北京户籍居民的开放还是有限制的

(2)上海非城市户籍居民享有就业机会情况分析。

上海市 2009 年颁布了《关于进一步加强本市促进就业工作的通知》与《上海市劳动和社会保障局关于贯彻落实市政府＜关于进一步加强本市促进就业工作的通知＞若干问题的意见》，明确规定，上海市就业服务和管理、创业服务、就业援助等政策供给对象不包括非上海户籍居民。目前，非上海户籍人口主要的就业岗位分布在制造业、建筑业、服务业、住宿餐饮业、批发零售业这五大行业，这五大传统行业不仅收入水平较低，而且劳动权益难以得到有效保障，欠薪等问题较为严重。此外，上海职业培训、职业指导政策在上海户籍居民与非上海户籍居民之间也存在较大差异。

(3)广州非城市户籍居民享有就业机会情况分析。

2009 年广州市颁布了《关于印发广州市创业带动就业补贴办法的通知》，2012 年广州市又颁布了《关于调整创业促进就业相关补贴项目申领程序的通知》两个文件都规定，创业扶持补贴、创业培训补贴、创业服务补贴只有广州本市户籍居民才可获得，而非广州市户籍居民不能享受这一权利，这表明在就业公共服务资源方面非广州市户籍居民是受到排斥的。2013 年广州发布了《广州市就业失业登记办法》规定，在法定劳动年龄内、有劳动能力且有就业愿望的本市户籍城镇劳动者、转移到非农产业就业的农村劳动者，以及进入本市就业的异地务工人员进行就业登记或失业登记，同时，可获得免费职业介绍、职业指导服务；国家和地方政府规定的减免费职业技能培训；国家和地方政府制定的就业扶持政策；符合领取失业保险待遇条件的，可申领失业保险待遇。这说明广州在推进就业服务均等化方面迈开了一大步，但是由于申请程序的复杂，以及非广州市户籍来从业人员的自身素质，享有政府服务政策的人群还不多。

综上所述，北京、上海、广州三个超大型城市，近年来在就业促进政策方面，正在逐步缩小城市户籍居民和非城市户籍居民之间享有权利的差距，但是由于控制人口规模压力和维护本市户籍居民的既得利益，政府不得不采取一些特殊政策，就业权利不平等现象依然存在。

2）工资水平

北京、上海、广州三个城市中，城市户籍从业人员和非城市户籍从业人员的收入水平都存在较大差距。据国家统计局发布的《2012 年全国农民工监测调查报告》，我国直辖市务工的农民工人均月收入水平 2 561 元。而同期，依据上海和北京人力资源和社会保障局公布数据，2012 年上海平均工资为 4 692 元，北京的平均工资为 5 223 元，如果考虑上海、北京的平均工资是包含外来从业人员低工资，那么两个城市户籍居民的平均工资水平将更高，也就是说，北京、上海、广州三个城市户籍居民的平均工资要比非城市户籍居民的平均工资高出一倍多。此外，由于三个城市非城市户籍从业人员的主要就业岗位分布在传统制造业、建筑业和服务行业，这些行业的工资水平相对较低，而且许多非城市户籍从业人员承担临时工岗位，工资更低，加之这三个城市生活成本普遍较高，城市户籍居民和非城市户籍居民之间生活水平差距较大，低收入的非城市户籍从业人员生活比较艰难。

4.4.3　结论

北京、上海、广州三个城市户籍居民和非城市户籍居民在享有社会权利、经济权利方面的不平等现象，表明上述三个城市的“新二元结构”问题依然十分严重。近年来，随着我国加快了新城镇建设步伐，提出了“以人为本”和人的城镇化理念，三个城市不断完善非城市户籍人口的就业、子女教育、社会保障等制度，保障非城市户籍的社会权利和经济权利，一定程度上削弱了“新二元结构”带来的负面影响，促进了非城市户籍居民的社会融合。但是，由于巨大的人口压力和诸多产生“新二元结构”的社会因素和制度因素的尚未消除，我国超大型城市“新二元结构”问题的解决尚待时日。

4.5　特大城市“新二元结构”问题成因分析

特大城市由于城市公共服务设施、就业机会、工资收入水平等因素，成为农村剩余劳动力转移的重点区域。本书在对北京、上海、广州三个城市"新二元结构"问题比较分析基础上，基于上海的社会调查，进一步分析特大城市"新二元结构"问题特殊表现和成因。

4.5.1 特大城市"新二元结构"问题特殊表现

课题组通过社会调查发现，上海"新二元结构"导致的社会问题集中表现在以下几个方面：

1）户籍制度导致制度性社会排斥

调查发现，户籍制度导致了制度性社会排斥，降低了非上海户籍居民的社会认同，阻碍了他们的社会融入，社会整合机制被严重削弱。

针对户籍制度对非上海户籍居民城市社会融入影响的社会调查显示，户籍制度对非上海户籍居民的影响程度依此为：影响子女就读为 64.4%；影响社会保障获得为 54.6%；影响就业机会获得为 45.8%；影响社会福利的获得为 42.2%；影响非上海户籍居民上海户籍居民之间的交流为 26.0%；其他为 6.4%。如图 4—16 所示。

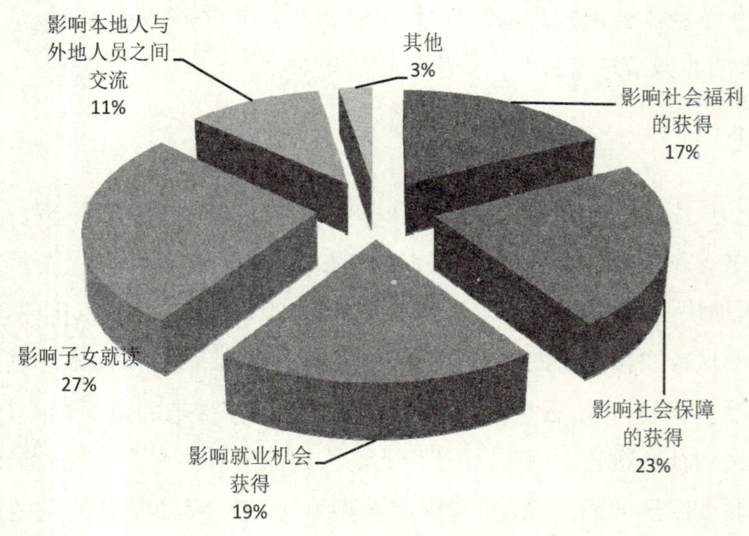

图 4—16 户籍制度对非上海户籍居民社会融入影响

社会调查针对阻碍非上海户籍居民社会融入因素这一问题，通过问卷调查发现，阻碍非上海户籍居民社会融入的主要因素依此是：文化背景差异 51.1%；户籍制度 48.5%；社会保障水平 37.1%；生活方式 36.9%；经济条件 33.3%；人际关系 22.4%；其他 4.6%（见图 4—17）。户籍制度是影响非上海户籍居民城市融入仅次于文化背景因素的最重要因素之一。户籍制度的阻碍，使得非上海户籍居民在子女受教育、社会保障、就业机会、社会福利等重要社会资源的获得方面处于弱势地位。

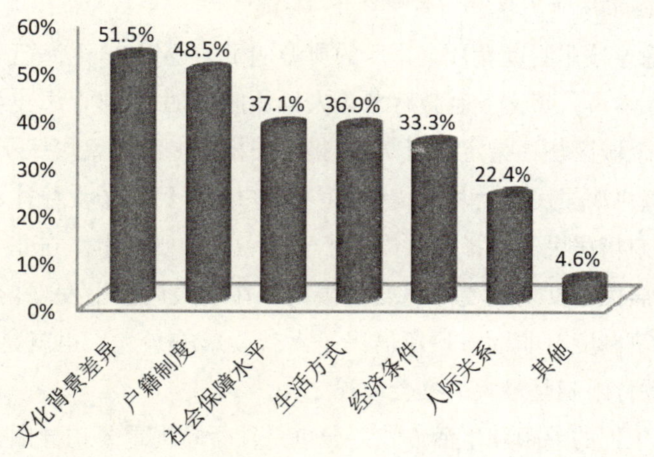

图4—17　制约从业人员城市融入的主要因素

2）非上海户籍居民与上海户籍居民之间成为不同的利益群体

通过对上海市松江区泗泾镇的个案调查发现，非上海户籍居民进入上海，除了大学毕业生和专业技术人才外，绝大多数非上海户籍外来从业人员都是通过亲戚、朋友、熟人的介绍进入上海务工的，并通过这种网络关系在工作生活中相互依靠，他们在户籍身份、福利制度安排、生活方式、文化素质、社会网络等诸多方面与上海户籍居民存在较大差异。然而，大多数非上海户籍居民的社会网络规模都很小，而且具有高度的同质性，即主要由近亲、同乡、工友和邻居构成。非上海户籍居民赖以生存的这种社会支持网络，极易形成特殊的利益群体，导致社会利益冲突。

3）公共产品供给的不均等导致的社会利益冲突

社会调查显示：在目前的户籍制度下，上海基本公共服务和公共产品供给还不同程度地与户籍挂钩，导致非上海户籍居民不满，极易引发群体性的利益冲突。

对上海市松江区泗泾镇个案调查显示："新二元结构"导致了严重的公共服务资源供需矛盾。外来务工人员的急剧增加，使得公共服务需求不断上升。虽然松江区泗泾镇政府已经尽最大努力增加公共资源的投入，不断加大非上海户籍居民基本公共服务提供，但是镇财政难以支撑因人口急剧增加而不断攀升的公共服务需求压力。泗泾镇政府在配置公共资源中，面临着公共资源的有限性和不同群体需求快速增长之间的矛盾。泗泾镇政府难以做到公共资源均等化配置，只能在满足本地居民需求的基础上，兼顾外来务工人员需求。

4）社会歧视导致非制度性社会排斥大量存在

教育歧视是寻致非制度性社会排斥的典型例子。近年来，上海已经将非上海户籍居民子女纳入本市九年义务制教育覆盖人群。但是，由于非上海户籍居民多数居住比较集中，各个城区往往指定几所学校，集中安排非上海户籍居民子女入学，于是就出现了非上海户籍居民子女相对集中，而上海户籍居民的子女往往不愿就读的学校，这也是上海户籍居民子女择校就读中小学的一个重要因素。在非义务制教育阶段，非上海户籍居民子女仍然受户籍身份限制。在本次调查中发现，有64.4%的调查对象认为，户籍制度对非上海户籍居民子女就读影响最大。也就是说，非上海户籍居民子女受教育限制是最大的社会歧视之一。

此外，经济条件的差距和生活方式差异也是社会歧视重要诱导因素。非上海户籍居民，尤其是农村进城务工人员，他们的经济条件普遍低于城市市民，他们多数集聚在城乡结合部，形成外来务工人员的集聚区，在这些地区往往是上海户籍居民不愿居住的地区，这种社会现象导致了严重社会群体隔离和非制度性的社会排斥。

5）文化隔阂和综合素质差距导致社会群体性隔离

上海独特的地域文化，特有的上海方言和生活方式成为阻碍外来务工人员城市融入的重要因素。社会调查发现，文化隔阂导致外来务工人员的社会价值认同度低，严重影响社会整合，影响社会稳定。此外，城市生活不同于农村，城市有许多公共设施，有各种各样的规则和秩序，有诸多相应的管理机构，城市居民从小就学习种种公共规则。城市中的人们被各种网络联系在一起。人们需要广泛的协作分工才能正常生活。城市越大，对这方面的要求越严格。而农村的生活是自发的、分散的、随意的，公共设施和公共规则往往很少。许多外来务工人员，尤其是农民工，他们的综合素质普遍低于城市市民，他们不适应现代城市生活，许多人仍然采取农村的生活方式，造成生活环境“脏、乱、差”。农村进城务工人员所以受城市居民的歧视，原因之一就在于他们对城市中各种各样的规则不适应，经常违反，给别人带来麻烦。显然，传统的农村生活方式和城市现代生活方式的巨大差距，是导致社会歧视和社会排斥的重要因素之一。

6）政治权利获得差异引发社会矛盾

当前，我国公民的许多政治权利获得仍然和户籍挂钩。由此，非上海户籍居民与上海户籍市民之间在政治权利获得方面存在很大差别。例如，非上海户籍居民虽然居住和生活在上海，却没有社区居民委员会的选举权和被选举权。此外，外来务工人员利益诉求也缺乏表达机制，他们的利益受到侵害，往往不能获得必要保护，有些人往往借助于非正规途径和方式获得利益保护，引发群体性冲突，严重影响社会稳定。

7）新生代农民工成为社会特殊群体

“新生代农民工”作为一个特殊群体，是上海新二元结构问题的突出表现之一。近年来，“新生代农民工”成为广受关注的一个特殊群体。“新生代农民工”具有“三高一低”的特征：第一，受教育程度比他们前辈高；第二，职业期望值比他们前辈高；第三，物质和精神享受要求他们前辈高，工作耐受力却比他们前辈低。上述特征就决定了“新生代农民工”与他们前辈有明显不同。“新生代农民工”的外出动机已经从经济型转到经济型和生活型并存或者发展型，他们对制度性身份的认可和对家乡的乡土认同同步减弱。“新生代农民工”大城市有高度认同感，强烈渴盼融入大城市，成为城市新市民。但是，边缘身份的特殊性，使他们游离于城乡之间，其城市融入的过程面临诸多困境。社会调查发现，近年来，许多企业在招聘非上海户籍从业人员过程中，许多年轻“新生代农民工”，普遍不满意目前企业提供的工资待遇，而且缺乏吃苦耐劳精神，成为许多地方出现民工荒的一个重要因素。

社会调查以“新生代农民”的特征为主题，抽样调查发现：“新生代农民工”的特征依此为：58%的调查对象认为“新生代农民工”不愿意再回到农村去；53.0%的调查对象认为“新生代农民工”与其父辈比对生活有更高期望值；51.2%的调查对象认为“新生代农民工”城市适应能力更强；42.8%的调查对象认为“新生代农民工”对城市的认同度高。这些特征表明，新生代农民工“回不了乡，进不了城”，却有着对生活更高的期望值。他们的城市融入问题是一个亟待解决的重大问题。

8）城乡结合部“新二元结构”问题尤为严重

上海“新二元结构”问题引发的另一个重大问题是，上海城乡结合部是“新二元结构”问题集中区域，这是一个必须引起高度重视的社会问题。

通过对上海松江区泗泾镇的个案调查表明，上海郊区是传统制造业相对集中地区，非上海户籍居民中的60%以上集中在上海城乡结合部。上海城乡结合部是“新二元结构”问题高发区域。上海郊区原有的城乡二元结构尚未消除，又叠加“新二元结构”,加上近年来上海中心城区居民大量迁移到郊区,多元社会结构引发的社会利益冲突比中心城区严重得多。

通过上海市松江区的个案调查显示,近年来松江区与中心城区相比,以其良好的生态环境,相对较低的生活成本,吸引了大量非上海户籍居民在松江安家落户。其中,有近60万外省市来沪务工人员及其家属。大量涌入的非上海户籍居民,改变了松江的人口结构,松江区所有的街镇外来人口数量都超过了本地人口。“十二五”期间,随着上海城市建设重点向郊区转移,松江人口总量将继续呈上升趋势。非上海户籍居民在松江的快速聚集,在推动当地经济发展、社会繁荣的同时,也使松江区的公共资源供给面临前所未有的压力。松江的公共资源是按照原户籍人口的需求设计和安排的,虽然设计之初已经考虑了未来人口增长可能带来的公共资源需求的增加,但是非上海户籍居民的快速增加大大超出了设计者的预想。因此,无论是社会公共资源供给还是公共服务能力,都难以满足人口急剧膨胀所带来的巨大社会需求。

此外,松江社会公共资源供给压力还在于区域的差异性大,社会公共服务需求的复杂性高,不同群体的利益协调难度大。例如,松江泗泾镇有常住人口10万多,其中原籍人口仅2万多,其余为市区迁入人口和非上海户籍居民及家属。市政府在松江泗泾镇建设了多个安置中心城区转移居民的大型安置社区,数万名中心城区居民迁入松江泗泾地区。此外,还有数万名非上海户籍居民及家属。原籍居民、市区迁入居民、外来务工人员及家属构成了松江泗泾镇的基本人口结构。上述三类人群,因生活方式的不同,有着不同的公共资源和公共服务的需求。中心城区迁入的居民,希望获得与中心城区相同的公共资源供给水平,原籍居民希望原有的公共资源供给保持刚性增长,非上海户籍居民及家属希望在公共资源方面获得市民待遇。松江泗泾镇政府有限的财力很难满足多元需求,处于众口难调的困境。在有限公共服务资源的分配中,地方政府只能优先考虑满足本地居民的需求,由此产生了中心城区迁入居民的不满意,非上海户籍居民及家属处于公共资源分配中的劣势地位,导致他们都缺乏对居住地的社会认同,社会群体的融合障碍,蕴涵着各种社会矛盾。

上述社会调查结果表明,如果不能增加公共资源投入,提高公共服务能力,建立适合不同群体需求的公共服务体系,就难协调原籍居民、中心城区转移安置居民和非上海户籍居民及家属在公共服务资源分配中的利益矛盾。

综上所述,户籍制度和传统城乡二元结构基础上形成的“新二元结构”将城市居民分割为两大利益群体。“新二元结构”问题的不断累积必定会衍生出诸多后果，非上海户籍居民难以真正融入城市，对城市社会的稳定造成更大压力。

4.5.2　特大城市“新二元结构”问题成因分析

上海“新二元结构”虽然引发了一系列的社会问题，但是，从本质上看，“新二元结构”问题是城市化进程背景下的外来务工人员与城市市民之间的社会排斥与社会融合关系问题。社会排斥导致了不同社会群体之间的隔离，一部分社会群体被排斥在社会主流之外，他们不能够获得正常的社会公平待遇。社会排斥理论比较好地解释了我国目前特大型城市的“新二元结构”现象。

如果从特大型城市视角，进一步分析城市不同群体社会排斥的现象，可以发现社会排斥是导致特大型城市的“新二元结构”主要社会因素：

1）特大型城市的社会排斥具有结构性与功能性双重因素

社会排斥表现为结构性的社会排斥与功能性的社会排斥。从功能性的社会排斥看，特大型城市非城市户籍居民，尤其是农村进城务工人员，普遍社会素质较低，对城市的社会适应能力较弱，加之大城市居民原有的优越感，及对农村居民长期形成的偏见，使得他们对非城市户籍居民产生排斥心理，反之非城市户籍居民在形成自卑心理的同时，也产生强烈自卫心理，这就产生两个社会群体的心理隔阂。从结构性的社会排斥角度看，现行的户籍制度，以及附加在户籍之上的各种社会权利制度，导致非城市户籍居民难以获得各种大城市所有的公共福利，成为城市的“二等市民”。显然，上海“新二元结构”问题是结构性的社会排斥与功能性的社会排斥双重因素造成的。

2）特大型城市的社会排斥涉及经济、政治、社会三个层面

从人类生活的不同领域来看，可以分为经济领域、政治领域和社会领域，调查显示，上海“新二元结构”问题，同样涉及了经济、政治和文化领域的社会排斥现象。

从经济层面的社会排斥看，非上海户籍的居民在就业、收入分配、社会保障方面普遍遭遇到的不公正对待，这导致的直接后果就是他们的生活贫困。从政治层面的社会排斥看，非上海户籍的居民普遍缺乏利益表达渠道。从文化层面的社会排斥看，非上海户籍的居民短期内难以适应大城市的生活方式和上海地方文化，受到上海户籍市民歧视。

社会调查显示，上海的“新二元结构”问题是比较典型的社会排斥现象，它不同于我国原先存在的城乡二元结构，“新二元结构”是在现代城市中，不同社会群体，由于体制和非体制性社会排斥而引发的同一社会中的不同群体隔离。

3）社会排斥造成严重的社会问题

（1）存在社会贫困群体。被排斥的群体，因脱离主流社会，所以难以公平地获得教育资源、社会保障资源、社会福利资源、就业扶助等社会公共资源的支持，成为社会贫困群体。

（2）削弱社会整合机制。由于社会排斥导致了社会群体之间利益差距，不同社会群体在生活条件、生存方式方面的明显差异，群体之间形成深度隔阂，社会难以形成一个整体。

（3）扭曲被排斥者心理。社会排斥将引起社会焦虑和心理压力。甚至形成对社会的仇视心态，存在严重的不稳定因素。

（4）社会公平难以实现。社会排斥是与社会公平相背离的，制度是社会公平正义的根本保证，如果社会制度不能有效的消除社会排斥现象，那么社会公平就难以得到切实维护和实现。

促进城市外来务工人员与城市市民的社会融合，首先是要推进制度融合，逐步将上海城市外来务工人员制度化地纳入城市管理体系，逐步将社会福利体系平等地向城市所有人口开放，保证所有群体的基本利益，才能实现外来务工人员在城市的健康发展，为城市发展塑造良好的公平与和谐环境。

社会调查显示，导致社会排斥和社会融入受阻的原因，除了户籍制度之外，还有以下原因：

（1）非上海户籍的居民的综合素质较低是导致社会排斥和社会融入受阻重要因素之一。进入城市的非上海户籍的外来务工人员相对于滞留在农村的农民而言，群体素质较高，但相对于城市居民来说，综合素质依然比较低，他们只能成为以提供劳务谋生的低层次的劳动者。非上海户籍的外来务工人员在进入上海之前许多人长期生活在农村，小农思想和农民意识在他们身上打下了深刻的印记，他们对城市的生活方式、待人接物方式、价值观念、人际关系、风俗习惯皆感到不适应，难以对城市社会和城市居民产生认同。由于土地牵制和户籍限制，外来务工人员对城市形成“过客”心态，对城市没有归属感和“主人翁”意识。而由于职业和居住的特性以及经济社会地位的劣势引起的“二等公民”的自卑心理，也使农民工囿于习惯性的同乡交往而不愿意主动地突破这一交往圈，客观上形成了自我隔离状况，与城市主流社会、主流文化相疏离。

(2)文化背景和生活方式差异是阻碍非上海户籍的居民社会融入的重要因素。非上海户籍的居民是遭遇社会排斥和社会融合受阻重要群体。非上海户籍的居民对工作岗位不挑剔，对劳动条件不苛刻，本身劳动力价格又低廉，对城市劳动力市场形成巨大冲击，使不少城市感受到就业竞争的压力。而长期生活在城市“福利城堡”中的市民，在天然的而不是通过努力获得的社会资源与竞争方面占据着优势，使得某些市民形成“一等公民”的身份优越意识，他们总是以居高临下的态度对待非上海户籍居民。

(3)缺乏城市社会支持网络是导致外来务工人员无法获得发展机遇，抵抗生存风险能力较弱，生活贫困等因素的重要原因，也是与城市社会人群隔离的重要原因之一。缺乏社会支持网络影响着外来务工人员在城市社会的发展。人际网络中相互信任关系的建立一直沿袭着特殊主义的规则，血缘关系和地缘关系的差异，直接导致资源获取和发展机会方面的差异。跨区域流动到城市的非上海户籍的外来务工人员不仅损失了原有社区的亲戚邻里关系和其他社会关系网络，而且由于在城市居住分布的边缘性、与城市居民交往的局限性及社会经济地位的底层性，使外来务工人员的社会资本质量较低、异质性较差，难以获得向上流动的机会。

(4)城市社会的各种正式组织对非上海户籍居民的关注和容纳不够也阻碍着外来务工人员的城市融入。无论是计划经济时代遗留下来的单位组织、行政组织和发育不完善的职业组织、社会团体等，还是近年来随着市场经济发展而建的社区组织、文化团体、福利组织等，外来务工人员都很难进入。最突出的是工会组织和城市居民社区没有对非上海户籍的居民进行必要的接纳和整合。

正式组织的缺失，使非上海户籍的居民缺乏利益表达和权益维护的渠道和载体，在权益受到侵害时，不能通过集体的力量，更好地维护自己的利益。也正因正式组织的缺失，非上海户籍的居民只能依赖原始的地缘组织和血缘组织。但是，这种非正式组织同时具有封闭的特点，把非上海户籍居民的生活世界与城市居民的生活世界隔离开来，阻碍着非上海户籍的居民接触、吸收新的文化、价值观念，使非上海户籍的居民无法融入城市社会的主流文化。一般而言，城市居民社区在吸纳和同化新成员以及城市社会整合中发挥着不可替代的作用，然而我国现在城市居民社区还不能较好地有效吸纳、整合大量进城外来务工人员。

目前，非上海户籍的居民和城市居民的社会距离由于新一代外来务工人员的身份认同变化、城市居民的刻板印象以及传统网络的存在导致非上海户籍的居民与城市户籍居民的社会距离正在逐渐增大，他们缺乏主动介入城市生活的积极性，并且感觉与城市生活和城市居民之间的关系日趋隔离，两个社会群体的社会距离逐渐增大，使得非上海户籍的居民结成自己的社群网络，并以此与城市生活产生隔离。

第5章　解决“新二元结构”问题的路径设计

“新二元结构”是我国今后相当长时期内必须正视并致力于要缓解和解决的社会问题。本书提出的缓解或解决“新二元结构”的基本思路是，以观念创新、政策创新和制度创新为重点，推动基本公共服务均等化、非城市户籍居民社会融入，营造公平正义、包容和谐的社会氛围，借鉴国外移民社会融入的经验，逐步消除社会排斥，促进社会融合。

5.1　缓解“新二元结构”问题的国际经验及启示

“新二元结构”问题产生的背景是我国的户籍制度和城乡二元结构，所以，“新二元结构”问题是我国城市化进程中的特殊社会现象。由于“新二元结构”问题本质是社会排斥，国外同样存在移民的社会排斥和融入问题。所以类似我国“新二元结构”问题的群体性社会分割问题在其他国外同样存在。探讨国外解决城市移民的社会排斥和融入问题的经验，对我国的现阶段缓解“新二元结构”问题具有启迪意义。

5.1.1　移民社会融入的基本理念

国外移民问题一般指的是国外移民的社会融入问题。利维塔斯(Levitas，2005)提出了移民社会融入的三种基本策略：资源再分配模式(Redistributionist Discourse)、道德模式(Moral Underclass Discourse)与社会融合模式(Social Integrationist Discourse)。偏左派的福利思想认为资源的稀缺性而产生了排斥，然后产生了再分配的结构性政策，通过对税收的政策的调整来实现收入与资源分配的转移，促进社会的公平、平等。道德模式基于偏右派的福利思想，认为贫困和排斥来源于个人及家庭责任和行为的缺乏，鼓励贫困人口利用自我整合的行动来融入主流社会。第三条道路学派的福利思想促成了社会融合模式的产生，坚持用有报酬的工作促进经济和社会的整合，最终实现社会融合。①

阿尔科克(Alcock，2006)认为社会融合模式是解决贫困的最有效的策略。这种融入策略鼓励穷人和被排斥者积极争取获得工作，而不仅仅依靠着福利与救济的供给。在均衡国家和个人的责任的同时又可以减少福利支出，还能调动劳动者的积极性，促进经济的发展和社会的公平与正义。②

欧盟社会发展联会(The Combined European Bureau for Social Development)提出了社会融入实践行动的四个基础：第一，当地权威机构关注社会的人文发展、社会排斥与社会权利的剥夺，要与当地社会发展的政治利益和诉求相一致。第二，尽可能地满足社区居民的发展需求，规划公共计划中重视志愿者的工作，要和社区居民、相应的组织和公共管理部门建立和谐、合作的关系。第三，为社区工作者提供专业的教育和培训机会，在持续性的服务的同时要改进和完善服务水平。第四，要对社区社会融入项目的成效作出评估。③

5.1.2 移民社会融入的政策及实施

霍利菲尔德(Hollifield，1997)认为，欧洲在移民的社会融入上形成了三种比较有代表性的政策④。

第一，是以德国为代表的"外来务工者"(guest worker)模式。在这种模式中，移民是一种短暂的为了经济目的的流动。这主要是因为德国是世界著名的制造业和服务业大国，这需要大量的劳动力，而德国人口一直处于负增长，所以大量的移民劳动力出现。公共决策部门认为这种移民流动具有短暂性特征，随着经济产业结构的调整，这些移民就会自动退出德国，所以没有必要制定特定的促进劳动力移民社会融入的政策，没有必要将移民同德国居民所享受到的公共服务资源同等对待。

但在2007年，欧盟规定27国之间劳动力可以自由迁徙。自2011年5月1日起，德国和奥地利向波兰、捷克、斯洛伐克、爱沙尼亚、拉脱维亚、立陶宛、匈牙利和斯洛文尼亚8国完全开放了劳动力市场。欧盟所有国家彻底相互开放劳动力市场成

---

① Levitas R. The Inclusive Society，Macmillan，2005：7—28.

② Alcock P. Understanding Poverty. Basingstoke：Palgrave Macmillan，2006：35—42；129.

③ 刘建娥.从欧盟社会融入政策视角看我国农民工的城市融入问题[J].城市可持续发展，2010.

④ 梁波，王海英.国外移民社会融入研究综述[J].甘肃行政学院学报，2010.

为现实，大量欧洲其他国家务工人员来到高福利的德国。

德国在外籍人管理问题上，政府和各部门各司其职，各类社会组织和研究机构及学者提供各类服务和建议。具体政策如下：

(1)政府给予足够多的财政投入，在管理方面人性化。在外籍人的语言学习、外籍儿童入学、青少年的保护等方面，联邦和州政府都有专项财政资金投入。而很多城市鼓励外籍人登记注册，对于新登记注册的外籍人会提供价值不等的交通优惠卡和欢迎卡，例如柏林、法兰克福，并且登记率很高。

(2)组建针对外籍人服务的专门部门和机构。警察局设立了“外籍人融合会”，能够更好地拉近本地警察与外籍人的关系，并且委员会成员均是有外国文化背景的德国人组成。在解决外籍人的纠纷问题中发挥了重要的作用。

(3)充分发挥社会组织的作用，为外籍人提供大量的公益性服务。德国约有100万个社会组织，这些社会组织经常服务外籍人。针对外籍人，社会组织会提供比如妇女庇护、青少年成长保护、参加各类社区活动等服务。社会组织不仅可以帮助政府减轻公共事务上的负担，而且运作社会服务活动比政府更加高效便捷，能够节省公共服务成本。

第二种模式是以英国为代表的“少数族群模式”或“多元文化主义模式”。20世纪60年代以来，英国对于移民的融合是建立在一系列的复合意识形态基础之上的。但是在20世纪80年代之后，在公共政策制定中，文化多元主义成为其中心思想，特别体现在教育、社会服务等议题中。在多元主义模式下，移民被看作永久性居留群体。英国会在移民融入的公共政策上，允许移民保存原有的民族特征。他们能够在新社会重新建构自己的文化社区，进而形成一个多族群和谐生活发展的多元文化社会模式。

1997年英国工党上台后立即设立社会排斥办公室(SEU)，统一指导、协调和监察政府各部执行社会融入行动。社会融入成为布莱尔新政的标志之一。

第三种模式就是以法国为代表的同化模型。在法国，移民被赋予合法的政治地位而被看作是永久性的居民。这样移民就能够被吸收并适应法国主流的文化之中。从法国在20世纪八九十年代的社会吸纳政策来看，对移民的生活圈进行结构性的干预，增加群体与社会之间的沟通，关心被排斥群体，动员多元的行动者的行动意愿，消除各种可能存在歧视的公共政策，努力使包括移民在内的社会弱势群体重新进入劳动力市场。法国的移民政策，以赋予移民与本地居民相等的公民权来达到

“同化”的目标。

2005年10月27日至11月19日，法国爆发了震惊世界的骚乱。在三个星期里，全国有将近一万辆汽车被破坏，骚乱者发动了对警察局、商店等公共场所的袭击，最后法国实行宵禁长达三个月之久。骚乱的导火线是两名北非裔穆斯林青年在躲避警察追捕时跑入一所变电站，不料遭到电击，当场身亡；骚乱者主要是北非穆斯林和西非黑人在法国的第二或第三代移民，是法国社会的少数族裔。

2006年，法国国民议会通过了原内政部长萨科奇的“移民与整合法案”，对高学历、高技术移民进行有选择的接纳。地方政府若发现无长居证的外国人，可以将其驱逐出境。同年9月5日，在原有法案的基础上，法国出台了“优秀人才居留证”。法国有三种居留资格的签证：第一种是临时居留证，针对旅游者、留学生、商务往来和季节性劳动者，一般允许居留3个月、6个月或1年等；第二种是短期居留证，主要指签订合同的劳工移民，居留期限为3年；第三种是长期居留证，包括法国公民的家属、难民以及上述第二种的申请者。前两种人员经过批准，可以改变自己的居留身份，成为长期居留者，也就是取得了在法国永久居留的“户籍”。

法国政府对下列三种类型的移民给予整套社会保障福利待遇：①高水平专家学者或者学生；②准备在法国成立企业并且有了明确具体规划的企业家，并且能够为法国创造两个及以上的就业岗位；③艺术或运动领域的人才。“优秀人才居留证”发放的决定权由法国各领事机构直接决定。此举不仅避开了繁冗、复杂的申请手续，成功申请者还可以一次性获得在法3年的居留证，并可在3年之后续延一次，实际上等于是发放了6年居留权。而根据法国的移民程序，在法居住满5年者，可以申请10年长居，此后可以申请法国绿卡。法国的移民政策从原来的被动接受变为主动接受，以促进法国经济发展，这个法案得到大多数法国人民的认同。[①]

法国在爆发骚乱后开始进一步在促进少数群体的社会融入方面制定各种政策：

(1)颁布《机会平等法》(2006－396号)。2005年的大骚乱，法国政府认为根本原因在于城郊差距，在教育、就业、住房等方面对于外籍人口存在着歧视。于是法国政府在2006年颁布了第396号法令——《机会平等法》，主要帮助个人解决在社会性融入和职业性融入方面遇到的问题。该法的第26条规定，在城郊地带的企业可以获得较低的税赋的优惠，如果企业雇佣城郊区的居民并签订长期劳工合同的话还

---

① 马丁.论法国城市化进程中的移民管理经验及其对我国的启示[J].城市学研究，2010.

可以得到其他的政府补贴和优惠。第 38 条规定，成立一个新部门：促进社会团结和机会平等处——ACSÉ（Agence nationale pour la cohésion sociale et l'égalité des chances），负责城郊区的社会融入、促进机会平等和多样化、促进青年人参加公益事业和公共事务活动、开展社会发展项目、预防青少年犯罪等方面的事务。ACSÉ 直接组织具体政策的实施或者以资金支持，于 2006 年 12 月启动了针对困难地区的“促进社会团结的契约”（contrat de cohésion sociale），这一契约期限为 3 年，并可更新，旨在更好地解决困难城郊，改善城郊居民在就业、住房、教育、健康以及治安方面的状况。① 2009 年该机构为 11 636 个协会和社团、28 575 个行动提供共计 7 800 万欧元的资金支持。

（2）扩大反歧视与促平等高级公署（HALDE）的职权。2006－396 号法第 41—46 条规定，扩大和强化 HALDE 的独立行政权力：在法律约束的框架里，对于涉及歧视的事件，不管该事件与 HALDE 是否有责任关系，都可以开展审查。当接到法院涉及歧视案件的听证请求时，HALDE 必须前往。HADLE 可以帮助受歧视者开展调查并告知他们应该采取何种措施来处理。经过宣誓的 HALDE 官员可以针对任何个人、机构或团体进行询问了解信息。HALDE 拥有质疑权，当其需要相关个人和机构提供相关信息或文件的时候，具有不可抗力原则。而当这些通知都被忽视时，HALDE 的主席可向法官提出需要进行任何法庭认为恰当的调查。HALDE 委员会根据被调查案件的处理意见决定采取何种解决方案。可以通过调解或者通知与案件相关的有关部门要求告知处理案件的下一步措施。若是递交给法院，则可以给公诉人提供案件的情况；民事、刑事和行政法庭可以要求 HALDE 递交涉及歧视案件的观察报告作为案件的证据，HALDE 可以要求依据职权听庭也可以提出带有补偿金的处置意见，意见会递交公诉人。②

法国的移民政策也产生了大量的社会矛盾：

（1）移民人口的老龄化比重大，使得养老保险的覆盖人群不断扩大，政府支出不断增加。在 2000 年，法国 60 岁以上的老人占人口总数的比例是 20%，远远超过 10%的标准，说明法国已经整体迈入了老龄化社会。人口红利的消失也让劳动力资源捉襟见肘。

---

① 刘力达.2005 年法国骚乱后的法国移民政策研究[J].法国研究，2012(2).

② 刘力达.2005 年法国骚乱后的法国移民政策研究[J].法国研究，2012(2).

(2)医疗保险中对移民的费用支出大幅度增加。随着科技水平的不断发展，移民人口的寿命也在不断增加，这在享受养老保险的同时也增加了医疗保险的支出。据统计，法国人每年光顾医疗机构 14.8 次，每年有 1 300 余万人住院治疗。1995 年每个法国人的医疗支出为 12 000 法郎。医疗保险已成为一种日常消费，药品价格迅速增长，人们的要求也越来越高。而随着时间的增长，人口的需求会不断提高，其支出也愈来愈大。

(3)在法国最初接受移民的时候，是没有后来的条件限制的，因此最开始的移民人口的个人素质并不是很高，这就为后来的失业留下了隐患，移民人口的高失业率让法国的失业保险支出大幅度提高。2006 年 4 月法国政府发表统计，总失业人数近 249 万人，失业率超过 10%，而移民的失业率高达 22%，远远超过当地人的失业率。在法国，失业者只要满足年龄 60 岁以下、失业者连续工作 6 个月以上、有证明表明其正在积极地寻找工作等条件，就可以获得 600～800 欧元不等的失业金，这使原来就入不敷出的社会保障计划负债累累。①

(4) 教育的支出问题。移民子女的大量增加，使教育开支入庞大，教育资金压力大。法国幼儿教育完全免费，中小学实行 10 年免费义务教育，午餐费一般根据学生家庭收入确定收费标准，贫困家庭子女免除。

5.1.3 推动移民社会融入政策国际经验启示

国外推动移民社会融入的政策，虽然具有特殊的国情背景，但是对于中国城市“新二元结构”问题解决依然具有重要的借鉴意义。推动移民的社会融入的重要途径，是消除群体性的社会排斥，在我国，非城市户籍居民在城市普遍遭遇到社会排斥，如果缺乏社会政策支持，他们就难以真正实现社会融入。为此，国外消除社会排斥的政策及实施经验，可以为我国消除社会排斥，解决“新二元结构”问题提供“他山之石”。

1) 坚持以人为本、公平正义理念

移民问题是世界许多国家碰到的问题，推动移民的社会融入是解决移民问题的根本途径。然而，移民的社会融入碰到的最大瓶颈是制度排斥和文化隔膜，突破这一瓶颈需要政府和社会共同努力。从政府角度看，面临人口规模扩张和公共资源短

---

① 翟凌晨.移民对法国社会保障制度的影响[J].福建论坛(社科教育版)，2007(4).

缺的矛盾，是否能够坚持推动外来移民社会融入的执政理念；从社会角度看，本土文化和外来文化的冲突，社会是否具包容少数族群和多元文化的价值取向。其中，以人为本和公平正义理念是解决移民问题的社会基础，因为只有政府确立了以人为本和公平正义执政理念，市民树立了以人为本和公平正义价值取向，社会才能形成合力，推动外来移民社会融入资源才能有效整合，移民社会融入中的问题才能得到妥善解决，简单的社会排斥只能激化社会矛盾，引发社会冲突。

在我国，随着非城市户籍外来人口大规模涌入城市，制度排斥和文化歧视不仅不能解决社会矛盾，反而引发更为严重的“新二元结构”问题。所以，只有坚持以人为本和公平正义价值理念，采取逐步推动非城市户籍居民社会融入的策略，激发非城市户籍居民的主人翁精神，与城市户籍居民共同解决人口膨胀所带来的社会矛盾。

2）发挥社会组织在推动移民社会融入中的作用

移民问题是全社会的问题，仅仅凭借政府的力量是不够的，只有通过“社会协同”动员全社会力量，才能有效解决移民问题。依靠社会力量来推动移民的社会融入，国外政府有许多好的经验和做法。例如，德国就有大批社会组织在政府支持下介入移民服务，社会组织为移民提供服务不仅减轻了政府的压力，更重要的是推动移民和本地居民之间情感融合。德国的做法我国完全可以借鉴，政府培育一批为非城市户籍的外来人员服务的公益性社会组织，同时鼓励和支持各类公益性社会组织参与推动非城市户籍的外来人员社会融入。

3）通过制度创新推动非城市户籍居民社会融入

国外移民社会融入的历史经验表明，移民社会融入一般经历社会排斥到社会接纳再到社会融入的过程，其中既有移民通过自我奋斗和努力提升经济社会地位而得到社会认同，也有与移民政策由制度排斥到制度推动融入相关，制度变迁与制度创新密切相关。

在我国非城市户籍居民的社会融入需要一系列的制度保障，目前我国城市的户籍制度以及各项社会福利制度，本质上是通过限制非城市户籍居民社会权利，达到控制城市人口规模，缓解公共资源供需矛盾的目标。我国现行户籍制度及社会福利制度虽然在短期内起到了缓解公共资源压力的效果，但是，却以社会割裂“新二元结构”为代价，从长远视角看，我们必将为此付出更大的社会成本。

因此，要以推动非城市户籍居民的社会融入为政策目标，依据党的十八大提出的“权利公平、机会公平、规则公平”要求，通过制度创新消除对非城市户籍居民制度排斥，增强非城市户籍居民城市归属感，提高城市户籍居民解决社会问题主人翁意识，营造政府和社会共同解决“新二元结构”问题制度环境。

5.2 观念创新：营造包容和谐的社会氛围

“新二元结构”问题是我国城市化进程中新的社会问题，解决这一问题，传统的思路和方法是难以奏效的，需要我们转变思路，创新观念。观念创新是解决“新二元结构”问题必要前提。

5.2.1 树立公平正义的价值理念

公平正义是社会价值体系中的核心内容，是衡量社会全面进步的重要尺度，也是人类世代追求的崇高目标和价值理想。

在一般意义上，社会的公平正义可以被理解为每一个人得到他应当得到的东西。所以，公平正义首先反映的是人与人之间的社会利益关系以及处理利益关系的价值准则，是社会成员的共同的理性判断和选择。

社会公平正义的基本要求是：“社会的政治利益、经济利益和其他利益在全体社会成员之间合理而平等地分配，意味着权利的平等、分配的合理、机会的均等和司法的公正。”[①]权利平等是公平正义的核心要义，权利平等是指在社会利益关系中“参与各方在规则权上的平均或相等”，具体而言，就是每一个成员都应有知情权、参与权、选择权和监督权，只有每一个社会成员在规则权上是平等的，才谈得上真正的权利平等。目前，引发“新二元结构”问题的户籍制度、社会福利制度等，都是由于制度制定过程中参与各方在规则权上的不平等造成的。

在一个不平等的社会中，由于社会成员之间在制度制定过程中规则权不平等，部分成员缺乏应有知情权、参与权、选择权和监督权，他们在社会利益博弈中处于劣势地位，于是就失去了公平的发展机会，社会利益的分配也就难免有失公平。在这样的社会环境中，无论是博弈中处于优势的社会群体，还是处于劣势的社会群体，都

---

① 俞可平．和谐社会面面观[J]．马克思主义与现实，2005 (1)．

不能够充分地发挥的他们天赋和能力，社会就缺乏发展活力，而且社会凝聚力也会因此而削弱，甚至导致社会矛盾和冲突。

在现代社会中，公平正义也是衡量现代社会制度合理性的价值标准。正如罗尔斯所说：要调节人与人之间因为利益冲突所产生的矛盾，就需要一系列的原则来调节而达到一种有关恰当的分配份额的契约。这些所需要的原则就是社会正义的原则。① 人类社会的发展是一个不断寻找更加合理的秩序和制度的过程，公平正义则是国家制度中诸多价值目标的核心价值。因此，社会发展进程中，当社会结构变化客观上要求社会制度变革时，社会制度建设既要满足社会结构变化的需求，更要体现公平正义的价值理念，而后者尤为关键。例如，在我国城市化进程中，大量农村剩余劳动力转移到城市，城市人口规模和人口结构发生很大变化，政府公共政策不仅要有效调节各社会群体的利益关系，而且要坚持体现公平正义的价值理念。然而，在现实中，我国城市政府在制定具体政策时，往往重视前者而忽视了后者，这样公共政策取向，或许在一定时期内能够缓解公共资源紧张的压力，但是却动摇了社会和谐基础，导致社会动荡和矛盾激化。因此，公平正义是协调、消除社会各方面矛盾的思想基础，只有维护公平正义，才能使社会不同利益群体各尽其能、各得其所，和谐相处。各级政府只有坚持公平正义，才能得到人民群众的衷心拥护，干群关系才会融洽。因此，追求公平正义是实现社会和谐的基础和前提，没有公平正义就没有社会和谐。

综上所述，当前，我国解决“新二元结构”问题，要在全社会弘扬公平正义的价值理念，保障每一个社会成员的权利平等，使每个社会成员在平等的规则下，致力于改变起点的不平等和机会的不平等，为解决“新二元结构”问题构建良好的社会基础。

5.2.2 培育包容和谐的社会心态

“新二元结构”问题的本质是社会排斥，我国城乡二元结构导致了城乡之间长期的二元分割，“城里人”瞧不起“乡下人”，偏见是导致城市户籍居民对非城市户籍居民社会排斥的重要社会因素。当前，我国正在加快推进“新型城镇化建设”，新型城镇化本质上就是人的城镇化，也就是推动非城市户籍居民的市民化，社会包容是实

---

① 罗尔斯. 正义论[M]. 北京：中国社会科学出版社，2003.

习我国新型城镇化建设,解决“新二元结构”的重要社会基础。

培育包容的社会心态是消除社会偏见和社会排斥,促进社会融入重要途径。包容是兼收并蓄的价值取向与和谐共享的价值追求。包容既是人类的美好德行,又是人类文明的成果和成因。消除社会偏见和社会排斥,需要大力弘扬、践行包容的价值取向,养成理性平和、宽容大气、积极向上的社会心态,促进人与人和睦相处,促进社会和谐稳定。

解决“新二元结构”问题要秉持包容之道义。推动城市二元社会向一元社会转变,就业坚持所有人机会平等、成果共享的发展和人的全面发展。城市发展的包容性就是让不同人群、不同阶层的诉求得到充分尊重和对待,实现发展为了人民、发展依靠人民、发展成果由人民共享。在解决“新二元结构”问题,推进城市发展过程中,要不断消除社会成员参与经济发展、分享发展成果方面的障碍,更加关注弱势群体,更注重让低收入人群受益,提升弱势群体的参与感与归属感,让每个社会成员公平享受公共服务,都能幸福、有尊严的生活。

培育包容的社会心态,执政者要涵养包容之德行。解决“新二元结构”问题各级城市政府坚持包容精神。当社会是一个多元时代,政府要善于倾听各种声音,了解不同诉求。既能不拘一格又能五湖四海,既能以包容之心看待矛盾又能以包容之心解决冲突、调节利益关系。“我不同意你的看法,但我誓死捍卫你说话的权利”,实在是一种难能可贵的理性、胸怀和自信。尊重非城市户籍居民的不同的声音和意见,建立科学有效的不同社会群体的诉求表达机制、利益协调机制、矛盾调处机制、权益保障机制,这不仅是对公民表达权的尊重,也是做出理性判断和正确决策的前提。

培育包容的社会心态,城市市民要践行包容精神。良好的社会心态对城市的健康发展至关重要,所谓海纳百川有容乃大。当前,在我国快速城市化的进程,大量外来人口进入城市,外来非城市户籍居民与本地居民之间人际的隔阂,导致城市整体性疏离会,城市的认同感、归属感与安全感的降低。因此,倡导理性平和、宽容豁达的理念,呵护积极、开放的心态,引导公众摈弃“非我族类、其心必异”的成见和偏见,理性对待社会结构变化和利益分化,在法治的框架下有序进行利益诉求和价值主张,正确处理城市户籍居民和非户籍居民之间的社会矛盾问题。倡导互相尊重、互相理解、互谅互让的社会伦理规范和行为准则,使社会成员认同差异、彼此尊重并且善于分享,实现不同群体之间的尊重、理解和包容。

包容是建立在社会理性基础上的。缺乏社会理性将必然产生不同社会群体间的隔阂和排斥。目前,我国城市存在的“新二元结构”以及诸多社会现象,不同程度上存在城乡歧视、地域歧视、贫困歧视等种种现象,并在很大程度上造成了城市户籍居民和非城市户籍居民之间的隔阂。上述现象究其根本,反映了我们的社会还缺乏足够的社会理性,缺乏良好的社会包容心态。

培育包容的社会心态应当发掘和利用中华优秀传统文化。包容是中华文化的典型特征,中华民族形成的多元性与混合性塑造和定格了中华文化的包容性。中华文化之所以生生不息,一个十分重要的因素就是兼容并蓄,形成了同一性和多样性相结合的发展态势,并因此具备了强大的同化力和顽强的生命力。“厚德载物”、“和而不同”、“温良恭俭让”是中华民族的传统美德,也是对“包容”一词最好、最全面的阐释。弘扬传统文化的包容精神和美德,有助于消除社会排斥现象,促进非城市户籍居民的社会融入。

5.3 政策创新:推动基本公共服务均等化

马克思主义认为,利益是社会存在和发展的内在根据,人的一切行为皆根源于利益。“人们奋斗所争取的一切,都同他们的利益有关。”[①]“每一既定社会的经济关系首先表现为利益”[②],在我国城市化进程中,“新二元结构”问题核心是如何协调城市户籍居民与非城市户籍居民的利益关系,解决“新二元结构”问题,就是要使城市户籍居民和非城市户籍居民的利益关系得到均衡发展。

社会发展的基本宗旨是发展成果人人共享、普遍受益。而推进基本公共服务均等化,是实现人人共享社会发展成果的必然选择。换句话说,基本公共服务均等化是过程,共享社会发展成果是结果,它们在本质上是一致的,都是要维护社会公平正义。然而,我国城市户籍人口和非户籍常住人口基本公共服务供给类型和水平的历史性差异,以及由此引发的“新二元结构”问题,决定了城市推进基本公共服务均等化的关键是,消除上述两个社会群体之间基本公共服务的非均等化。

近年来,我国政府为实现共享改革发展成果的目标,重视推进基本公共服务均等化,尤其是针对城市“新二元结构”问题,推动城市户籍居民和非城市户籍居民均

---

① 马克思,恩格斯.马克思恩格斯选集(第 1 卷)[M].北京:人民出版社,1995:82.

② 马克思,恩格斯.马克思恩格斯选集(第 3 卷)[M].北京:人民出版社,1995:335.

等地享有基本公共服务，努力克服两个社会群体享有基本公共服务不均等现象。但是，现阶段缓解或解决“新二元结构”问题仍面临许多挑战，基本公共服务非均等化现象依然存在。城市基本公共服务供给对象是城市常住人口，不断膨胀的非城市户籍常住人口、消除户籍人口与非户籍常住人口之间基本公共服务制度供给的历史差异所需巨大公共资源，与城市公共资源供给能力相对不足的矛盾，制约着城市基本公共服务均等化进程，显然，基本公共服务的供需矛盾是缓解“新二元结构”的重要瓶颈。

5.3.1 基本公共服务均等化理念

1）基本供给服务均等化含义

国务院颁发的《国家基本公共服务体系“十二五”规划》指出，基本公共服务含义，是指建立在一定社会共识基础上，由政府主导提供的，与经济社会发展水平和阶段相适应，旨在保障全体公民生存和发展基本需求的公共服务。享有基本公共服务属于公民的权利，提供基本公共服务是政府的职责。基本公共服务的供给范围，可分为公共教育服务、劳动就业服务、社会保险、基本社会服务、基本医疗卫生服务、人口和计生生育、基本住房保障、残疾人基本公共服务、公共文化体育九个方面。

关于基本公共服务均等化含义，《国家基本公共服务体系“十二五”规划》指出界定为，全体公民有均等的机会公平地获得大致均等的基本公共服务。一般理解，基本公共服务均等化并不是指所有公民都享有完全一致的基本公共服务，而是在承认城乡、区域、人群间差别的前提下，保障每一个公民都享有一定标准之上的基本公共服务，也就是说要保障基本公共服务的“底线均等”。基本公共服务均等化是一个由低到高、最后实现结果均等的进程。基本公共服务均等化是基于公平原则和社会平均水平，把城乡差距、贫富差距、地区差距等控制在合理的范围之内，由此确保全体公民公平地分享公共资源和发展成果，有效保障公民的基本权益。从这个意义上讲，基本公共服务均等化应包括三层含义：

第一，最低限度的一致性。基本公共服务性质，以及它的基本权益性特征，蕴含了政府应当不分地域、不分城乡、不分社会群体，为全体公民提供最低限度的同等服务。因此，均等化是基本公共服务本质特性所决定的，政府应当制定统一的基本公共服务均等化标准，并通过制度安排保障其实现。

第二，均等化的条件性。均基本公共服务等化是有条件的、相对的，而不是绝对的均等化，更不是平均化。任何一个国家，不同地域之间、城乡之间、社会群体之间总是存在一定差异的，如经济发展水平差异、政策环境差异和社会风俗习惯差异等等，这就必然造成地域之间、城乡之间、社会群体之间在基本公共服务需求上的差异。因此，基本公共服务供给的差异性在所难免。基于此种认识，各级政府可以根据自身的条件和能力来决定基本公共服务均等化的程度、范围和基准。然而，这并不是说，基本公共服务供给可以非均等化，恰恰相反，政府应当致力于基本公共服务均等化，只是在条件限制的情况下，才可以在确定基本公共服务均等化最低标准前提下，允许基本公共服务一定程度的非均等化。

第三，消除不均等渐进性。基本公共服务均等化的实现是一个历史过程，在经济社会条件尚不具备的前提下，基本公共服务供给允许存在一定程度的非均等化。但是，基本公共服务均等化是政府的责任，逐步缩小不同地域之间、城乡之间、社会群体之间基本公共服务供给的均等化，逐步实现较高程度的基本公共服务均等化是政府应尽义务。

2) 基本公共服务均等化的基本要求

本书认为当前推进我国基本公共服务均等化必须牢固树立以下几个基本理念。

(1)平等享受基本公共服务是全体居民的基本权利。公共性基本公共服务的本质属性，这一属性决定了基本公共服务供给结构的公平性、供给过程的公开性以及供给取向的公正性。由此可见，基本公共服务均等化实际上是公平、有效地供给公共产品问题，其本质就是一个如何合理配置资源以满足社会公众的实际需求和实现社会福利最大化的问题。基本公共服务资源的有效分配，有助于实现公平和效率的统一。由于市场机制不能自动实现社会公平公正的内在特质，政府更有责任为改善社会公众的生活、发展、享受等方面状况而提供大致均等的基本公共服务。所以，不管是从社会发展的角度还是政府执政理念角度，加快推进基本公共服务均等化是各级政府其义不容辞的责任和义务。

(2)基本公共服务均等化只是相对的概念。基本公共服务均等化是相对的，它是指基本公共服务在不同人群、不同阶层间的相对均衡供给。基本公共服务均等化并不是要完全消除社会群体之间的基本公共服务供给的差距，不是要实现基本公共服务的同等、无差异供给，而是根据不同群体的需求和偏好有针对性的供给。也就是说，由于社会公众需求偏好的差异性，基本公共服务的供给内容与结构也应当有所不同，基于需求的基本公共服务供给，将有助于提高基本公共服务的供给效率。

(3)实现基本公共服务均等化应遵循循序渐进。推进基本公共服务均等化必定是一个渐进的过程，它是从较低水平的均等化逐步发展到较高水平的均等化的过程。首先，基本公共服务均等化应与经济发展水平相适应，伴随着经济社会条件的改善而逐步推进。其次，基本公共服务均等化涉及社会政策调整和制度安排，他与社会改革和制度创新进程密切联系在一起。再次，不同社会群体对基本公共服务需求的差异性和异质化，而且社会群体需求偏好随着时间在不断发生变化，使得基本公共服务供给结构与需求结构难以有效匹配，必须通过逐步调整，才能实现基本公共服务均等化。

5.3.2 基本公共服务均等化的原则

基本公共服务均等化是各级政府的职责，政府应当依据经济社会发展条件，通过制度安排，明确基本公共服务均等化基准，保障每一个社会成员都能够均等地享受基本公共服务，为此政府在进行制度设计过程中，应该遵循以下原则：

1) 明确各级政府的责任，保证事权和财权相匹配

明确各级政府基本公共服务的供给责任，是保障公民享有基本公共服务，确保基本公共服务均等化的重要前提。目前，我国中央政府和地方政府、省级地方政府和基层政府的公共服务职责划分尚不十分明确，存在着事权和财权不相匹配的情况，承担基本公共服务供给的政府，缺乏必要的公共财力，掌握财权的政府又不承担基本公共服务供给责任。

各级政府间基本公共服务供给的责任分工不明确、不规范，地方政府和基层政府承担过多的基本公共服务职能，而其财政能力较弱，尤其是当大规模人口转移，城市人口快速膨胀，城市公共资源不堪重负的情况下，中央政府通过转移支付方式，支持地方政府增加基本公共服务供给。原则上，中央政府应覆盖全国的公共服务资源的供给，着重加强区域基本公共服务均等化，重视再分配的职能。地方政府对于各自区域内的居民实际需求应当加以重点关注，负责区域内的公共服务的高效供给。中央政府需要加强对地方政府的监管和约束，建立对地方政府的公共服务的问责制。

2）构建公共财政体系，确保基本公共服务供给

公共财政是指国家(政府)集中一部分社会资源，用于为市场提供公共物品和服务，满足社会公共需要的分配活动或经济行为。它主要着眼于满足社会公共需要，弥补“市场失效”缺陷。① 完全意义上的公共财政至少应当包括以下四点本质规定：第一，以增进绝大多数社会成员的公共利益为宗旨；第二，以提供公共产品、公共服务，满足社会公共需要为目标；第三，最大限度地实行民主决策；第四，充分接受民主监督②。显然，公共财政设立的宗旨就是要提供公共产品、公共服务，满足社会公共需要。因此，推动基本公共服务均等化，基本公共服务均等化的要求，完善公共财政制度，加大财政支持基本公共服务的投入力度，形成可持续的财政支持制度。当前，缓解和解决“新二元结构”问题，单靠地方政府难以实现基本公共服务均等化，需要设计科学合理的转移支付制度，加强中央政府的财政对地方政府的转移支付力度，进而可以缩小或弥合不同地区的公共服务资源的差距，使得各地区的公共服务水平能够得到提高。

3）建立基本公共服务多元供给渠道

各级政府是基本公共服务供给主体，其并不会排斥基本公共服务供给主体的多元化和提供方式的多样化。我国是人口大国，所需的公共服务资源总量巨大，且需求层次多样，如果仅靠政府来提供全部基本公共服务，显然难以在短期内增加基本公共服务资源的供给量，也难以通过完善基本公共服务供给结构，提高供给效率。因此，支持和鼓励各种社会力量参与基本公共服务的供给，推动基本公共服务资源供给的市场化和社会化，这将降低基本公共服务资源供给成本，显著改善基本公共服务供给效能，缓解城市基本公共服务资源供给不足问题。

4）基本公共服务配套制度需要加快制定与完善

实现基本公共服务均等化，政府需要提供一系列的公共服务的配套制度。包括义务教育、社会保障与社会福利、公共医疗卫生、科技补贴、公共基础设施建设、公共收入与公共支出、公共服务参与和社会合作等。

基本公共服务制度均等化的目标的有效完成需要财政投入保障制度、有效的政

① 马海涛，安秀梅.公共财政概论[M].北京：中国财政出版社，2003.

② 齐守印.论公共财政及其经济职能[G].第 14 次全国财政理论研讨会论文集，1999.

府分工合作制度、科学的转移支付制度、基本公共服务供给制度、合理的公共服务成本分担制度等这些正式制度的作用。但是制度均等化的实现也需要公平正义价值观的培育、国家发展观念的变革、政府行政理念的转变。同时制度环境的作用也是同等重要,这就需要公共需求利益表达机制、公共服务供给约束机制、公共服务多元供给机制。①

5.3.3 基本公共服务均等化推进策略

1) 基本公共服务均等化的路径选择

我国城市户籍人口和非户籍常住人口基本公共服务供给类型和水平的历史性差异,以及由此引发的新二元结构社会问题,决定了特大城市推进基本公共服务均等化的关键是,消除不同社会群体之间基本公共服务的非均等化。

城市基本公共服务供给对象是城市常住人口。不断膨胀的非户籍常住人口、消除户籍人口与非户籍常住人口之间基本公共服务制度供给差异所需巨大资源,与城市基本公共服务资源供给能力相对不足的矛盾,制约着特大城市基本公共服务均等化进程。

基本公共服务均等化是我国改善民生的一项重要事业,从城市化进程以及未来经济社会发展格局来看,城市常住人口总量将继续增长,人口结构和区域分布仍将处于动态变化之中,必须通过调控人口发展、提高基本公共服务供给的有效性,增强政府财政支出能力的策略来推进基本公共服务均等化。

推进基本公共服务均等化路径,应该从以下三个方面着手。

第一,加强人口综合调控。不论从自然资源和城市经济容量的"硬约束"去考量我国城市,尤其是特大型的人口承载量的问题,还是从城市基本公共服务资源供给和服务能力这个"软约束",城市能够容纳的外来人口数量总是有限的。所以说,城市人口规模的增长和城市公共资源承载力之间的矛盾不容忽视,基本公共服务需求的增长主要是城市人口不断扩张所导。因此,在不断改善和提高非城市户籍居民享有基本公共服务待遇水平的同时,合理控制城市人口规模,尤其是要控制我国特大型城市人口规模,引导人口流向中小城镇,市人口区域空间分布更加合理化。

---

① 任宗哲,卜晓军.中国公共服务城乡均等化供给[M].北京:社会科学文献出版社,2013:104.

第二，提高基本公共服务供给与需求的匹配性。由于不同的社会群体对基本公共服务需求偏好存在差异性和异质化，坚持基本公共服务供给的需求导向，有助于提高基本公共服务供给效率。近年来，我国城市不断推进基本公共服务均等化，非城市户籍居民享受基本公共服务的待遇水平不断提高，但是本地户籍居民和非城市户籍居民对于基本公共服务的需求存在着差异。例如，非城市户籍居民对于就业服务、住房保障、医疗保险、子女教育有着强烈的需求，而城市户籍居民则对养老保险、公共文化、公共卫生服务、公共交通服务有着更为强烈的需求。不同社会群体在需求层次和强度上的差异，要求城市政府在基本公共服务资源供给和政府财政支出能力这个“软约束”的条件下，提供基本公共服务要注重供给与需求的匹配性，提高供给和需求的匹配度。因此，政府推动基本公共服务均等化，与其罗列名目繁杂的服务项目，不如从非城市居民的实际需求和政府公共资源供给的可能性出发，根据基本公共服务需求程度和轻重缓急，选择既具有较高的需求率又是政府力所能及的基本公共服务项目，为非城市户籍居民提供有效的服务，真正实现有效需求和有效供给的匹配，通过梯度推进基本公共服务均等化，非城市户籍居民与本地居民享受水平大致相当的基本公共服务待遇，享有同样的社会权利。

第三，提高政府财政供给能力。政府财政供给能力的提升体现在两个方面，一是“开源”，即加大政府公共财政用于基本公共服务支出的投入，大幅度提高政府基本公共服务供给的总量与质量。二是“节流”，即减少我国行政管理支出，降低政府行政管理支出占政府总支出的百分比。

基于上述思考，我国城市基本公共服务资源供给政策应按照“有条件的均等化”的原则进行制度安排，在城市社会总体承受能力相对不足的约束条件下，城市可按照“权利与义务对等”的原则，建立合适的筛选体系，设置非城市户籍居民享受各项公共服务的准入条件。如在提供子女教育时，可设置“在沪纳税记录超过一定年限和符合计划生育国策”的条件，防止“教育移民”、“以社保换教育”的福利拉动型的非劳动力人口过度迁入。

2）城市基本公共服务供需动态平衡策略

(1)基本公共服务供需动态平衡含义。基本公共服务供需动态平衡是指基本公共服务的供给总量和社会需求总量在不断增减的动态之中保持平衡。其基本内涵是：一定时期内基本供给服务的供给在总量上和社会需求总量保持平衡，即基本公共服务的支出与占有的动态平衡。具体来说，要做到：第一，供需总体平衡。就是基本公共服务供给总量于社会基本公共服务需求总量的平衡。第二，供需结构平衡。就是基本公共服务供给结构与需求结构大致匹配。基本公共服务供需动态平衡，是在基本公共服务结构平衡基础上的数量平衡。因此，基本供给服务动态平衡是在均等化约束条件下，在最大程度上满足社会成员基本公共服务需求为最终目的，努力提高基本公共服务需求与供给匹配度，实现一定时间、空间内基本公共服务的合理均等化。

(2)基本公共服务动态平衡的学理性分析。在福利经济学理论中，萨缪尔森一般均衡理论、林达尔均衡、庇古均衡等理论都尝试探讨资源配置对福利最大化的影响，通过私人物品与公共产品之间的博弈，找到公共服务供给的最佳规模。然而任何均衡的状态只是一种理想的状况，尤其在公共服务领域中，社会公众公共服务的需求与私人产品需求有一定的差异，公共服务需求曲线的描述、需求的表达、影响需求的因素难以衡量。因此，要想得到公共服务的需求偏好显然是一个非常困难的问题。布坎南为代表的公共选择学派认为公共服务的供给要以需求为依据，并将公共选择理论引入公共服务的需求表达过程中，此后的学者在此基础上建立了关于财政供给规模的函数，认为公共服务的供给取决于公共服务的需求，与需求量相一致。

一般来看，财政投入是最直接反映政府公共服务的投入水平，学者的研究人多集中在通过研究影响财政收入的因素来判断政府财政投入的合理性。一是从供给方来看，对政府供给能力的影响因素，如经济发展水平、政府财力水平以及政府对公共支出的偏好等；二是从需求方来看，如城市化率、人口结构、失业率等。此外，基于俱乐部产品理论的基础上，中位居民收入模型也从需求的角度探析了影响公共物品财政投入的因素：中位居民的收入弹性、税收份额、人口数量。可见供给与需求共同决定了公共服务的财政投入。有学者以均等化标准、实际公共需求和政府供给能力作为切入点，研究实现公共服务供需平衡的基本公共服务均等化一般分析框架。基本公共服务是政府为满足社会公众基本的公共需求而依据自身能力提供的产品和服务，因此基本公共服务供需行为由公民实际公共需求和政府供给能力两个基本因素共同决定。实现基本公共服务均等化的基本思路是在合理设定均等化标准的基础上，客观测定基本公共服务的实际公共需求与政府服务能力，通过对比其差额来科学设计财政体制安排和转移支付方案。

(3)基本公共服务动态平衡机制。在我国城市化进程中，城市人口总量过快增长和人口区域分布不均造成了基本公共服务供需总量矛盾和结构性矛盾。所以，推进基本公共服务均等化的最大瓶颈问题是，基本公共服务需求无限性和供给有限性之间的矛盾。资源需求的无限性和生产的有限性之间的矛盾，是人类社会基本矛盾之一，这对矛盾导致了资源的稀缺性。

城市基本公共服务均等化是一个过程，其实现路径是，基于政府基本公共服务供给覆盖全体常住人口的基本政策取向，通过人口政策、财政政策、市场机制和转变政府职能等综合改革方案，在有效控制常住人口规模和不断增加供给能力的前提下，实现常住人口规模与基本公共服务资源供给能力之间的动态平衡。

因此，推进基本公共服务均等化，需要考虑如何在城市基本公共服务资源承载能力与不断扩大的需求之间构建一种动态的平衡机制。

影响基本公共服务动态平衡的因素既有需求方面的因素，也有供给方面的因素，需求因素和供给因素共同作用，决定了基本供给服务均等化实现绩效。

基于以上分析，本书以基本养老保险为例，提出缓解供需矛盾的方法是采取控制人口、提高政府补贴基本养老保险的财政投入和建立养老金待遇调整机制的策略，实现基本养老保险的动态平衡。

首先，通过人口调控和管理使常住人口维持在现有水平不增加。非城市户籍居民在稳定就业的情况下必须参加城镇职工基本养老保险。从短期看，非城市户籍外来从业者参保后能增加基本养老保险社会统筹部分的基金，进一步缩小当前城市养老保险基金的缺口。但从养老保险制度长期发展来看，缴费达到一定年限符合领取条件的非城市户籍居民退休后在城市享受的养老金水平比农村养老保险和居民养老保险待遇高出很多，届时城镇职工的养老保险的远期支出会很大，从而需要更多的政府财政补贴。所以，特大型城市应该加大人口调控的力度，确保养老保险的远期支出成本不至于超过未来政府财政补贴能力。

其次，采取财政补贴筹资责任分担机制。政府用于补贴养老保险的财政资金应有稳定来源，或应该规定一个最低总额。通过设立基本养老保险单独预算制，进一步明确财政资金在基本养老保障项目中的公共财政责任，然后根据一定时期内的养老金收支情况进行相应的补贴。

最后，建立持续、适度的养老金待遇调整机制。"持续"注重的是养老金调整的频率是固定而持续的(如每年调整或每两年调整)。"适度"侧重于养老金调整的幅度除了要与在职职工工资增长率的一定比例挂钩或与物价指数挂钩之外，必须兼顾经济社会发展水平和养老保险基金长远的承受能力，合理确定替代率水平。

保持基本养老保险动态平衡的策略是：当政府财力强大的时候，可将公共财政支出多投入到养老保障事业中，人口调控的力度可适当放松，可以考虑适当提高老年人养老金待遇；当政府财力吃紧的时候，需加大人口调控的力度，适度放缓养老金待遇增幅。由此可见，通过以上策略调整可以缓解基本养老保险供需矛盾，有助于提高基本养老保险基金可持续发展能力。

如果我们将实现基本养老保险供需动态平衡的思路推广到整个基本公共服务领域，实现基本公共服务供需动态平衡的策略可概括为有效控制人口规模、持续提高政府财政供给能力和建立需求导向的有效供给体系。具体而言：

第一，人口因素是影响基本公共服务均等化和实现动态平衡的一个重要决定因素。基本公共服务需求的增长主要是由于人口膨胀所导致的，控制人口的规模是保持动态平衡的重要举措。尽管引起需求变化的因素远不限于人口变化，但人口因素是安排基本公共服务供给、实现基本公共服务均等化的基本依据。人口绝对数的增加要求基本公共服务财政支出水平的增加。虽然说人口数的增长并不只会带来成本，同时还会带来直接收益。但是，控制人口是实现基本公共服务障动态平衡的重要手段。

第二，要实现基本供给服务的动态平衡，不断提升政府基本公共服务供给能力是关键。只有经济发展、政府财力增强才能为基本公共服务均等化创造物质条件和财力基础。一方面，政府应该加大用于基本公共服务的财政投入，努力提升基本公共服务供给能力，使基本公共服务财政支出覆盖到更多的人群。另一方面，政府应该减少不必要的政府开支，将更多的资金投入到基本公共服务中去。

第三，短期内改变基本公共服务财政支出的结构，可以提高财政供给的有效性。政府在配置基本公共服务资源的时候应该考虑不同层次、不同年龄结构、不同需求人口对基本公共服务的需求，有针对性地供给，就能在不改变供给总量的情况下提高公共资源配置的效率，提高基本公共服务均等化水平。

在控制人口增加的前提下，基本公共服务需求膨胀受到遏制；政府财政供给能力逐步提高，需求导向的有效供给。这三项措施将推动基本公共服务需求和基本公共服务供给的平衡，供给和需求在不断增减的动态之中保持平衡。

5.4 制度创新:促进非城市户籍居民社会融入

非城市户籍居民要真正融入城市社会,实现市民化。不仅要改变户籍身份,更重要的是要与城市户籍居民享受平等社会权利。也就是说,当非城市户籍的居民与城市户籍居民享受同等社会权利,在职业、身份、素质和行为等方面无差别,与城市户籍居民完全融合时,才真正实现了社会融入和市民化。

5.4.1 逐步消除社会融合的制度障碍

推进基本公共服务均等化,消除基本公共服务均等化的制约瓶颈,还不能完全解决"新二元结构"问题。解决"新二元结构"问题要消除针对非城市户籍居民的制度排斥,改变现有的、不合理的经济和社会权利制度和政策。

1) 逐步消除户籍制度障碍

解决"新二元结构"问题,户籍制度改革是关键。只有打破城乡二元的户籍管理制度,建立适应社会主义市场经济发展的户籍管理体制,才能解决城市户籍居民与非城市户籍居民之间的制度分割。党的十八大明确提出,要加快改革户籍制度,有序推进农业转移人口市民化,努力实现城镇基本公共服务常住人口全覆盖。近年来,我国已经启动了户籍制度改革,国家也提出了户籍制度改革许多省市也已经开始了户籍改革探索。我国将全面放开小城镇和小城市落户限制,有序放开中等城市落户限制,逐步放宽大城市落户条件,合理设定特大城市落户条件,逐步把符合条件的农业转移人口转为城镇居民。然而,户籍制度改革是块"硬骨头"。户籍制度改革已经打开了一扇窗,但是还是难以跟上外来人口融入城市的强烈愿望。改革进展似乎并不能满足人们的期许,有些改革举措推出时期望值很高,但实际推行却面临种种问题。以一度颇受关注的居住证制度为例,外来人口对此的热情正渐渐淡去。究其原因,主要是居住证制度涉及的人口太少,与不断涌入的城市外来人口相比,只能说是杯水车薪。因此,要克服户籍制度改革中集体排他的倾向,要在公平正义理念的基础上推进户籍制度改革,从根本上消除户籍的社会身份意义,逐步消除附加在户籍上的经济和社会权利,回归其公民身份以及人口统计和管理意义,真正实现城市户籍居民与非城市户籍居民之间的权利平等和机会均等。

2）逐步消除经济和社会权利制度障碍

从现象上看，似乎我国的户籍制度是限制非城市户籍居民社会融入，实现市民化的主要“瓶颈”。然而，问题的本质是，非城市户籍居民在城市生活中，经济权利、社会权利、政治权利的缺失，他们不能够与城市户籍居民享有同等的经济权利和社会权利，这种经济和社会权利的不平等是通过一系列社会制度安排实现的，户籍制度只是这种不平等制度安排的“表征”而已。如果仅仅改革户籍制度，不调整不平等的经济和社会权利制度安排，依然难以解决“新二元结构”问题。

综上所述，只有消除了户籍制度和经济社会权利制度障碍，非城市户籍居民的社会融入具备了现实的可能性。当然，消除城市户籍居民和非城市户籍居民之间的制度性排斥，改革户籍制度，尤其是重构经济和社会权利制度安排，并非朝夕之功。近年来，我国政府围绕非城市户籍外来人口的经济和社会权利，国家制定了一系列的改革方案，调整社会政策，但从实践效果来看，非城市户籍居民的经济和社会权利保障依然脆弱，围绕非城市户籍居民融入城市制定的社会政策产生的效力还不够，非城市户籍居民真正市民化的道路还很漫长。

5.4.2 逐步消除社会融入的社会障碍

消除了户籍制度和经济、社会权利制度障碍，虽然非城市户籍居民的社会融入开辟的必要通道，但是非城市户籍居民要完全融入城市社会，还必须逐步消除社会排斥，使城市户籍居民和非城市户籍居民之间真正做到社会融合，实现二元社会向一元社会转化。

1）增强非城市户籍居民城市生存能力

非城市户籍居民整体素质相对较低，影响着他们融入城市，阻碍他们的市民化的进程。多数非城市户籍的外来从业人员由于受教育水平低和技能培训的缺乏，他们掌握和运用新工种、新技术的能力较差，劳动技能单一，职业选择和就业空间狭小，跨行业流动困难大，他们中多数人只能在劳动密集型中小企业从事劳动强度大而待遇差的工作，这种岗位层次低、工作性质单一的现状，使他们较难获得城市户籍居民的认可。因此，着力提升非城市户籍的外来从业人员的整体素质，提高他们的就业能力和经济收入。只有社会适应能力和经济水平达到了一定程度，非城市户籍的外来从业人员才能在城市生存和生活，实现经济上的融合，进而实现社会融合。

解决非城市户籍的外来从业人员社会融入的关键在于职业教育。非城市户籍的外来从业人员素质低和技能低的现状，显然不利于他们在城市生活和发展。职业教育不但可以提高非城市户籍的外来从业人员的整体素质和就业能力，使之获得更高的经济性收入，而且还能提高他们的文化修养，促进他们与城市户籍居民的沟通。因此，应把非城市户籍居民的职业教育列为推进他们市民化的基础战略。一方面要加强职业培训。要充分利用城市职业教育优势，加大对非城市户籍外来务工人员的职业技术培训的力度，使他们都能享受到政府提供的免费职业技术培训。

2) 提高非城市户籍居民城市文化适应能力

由于自身素质的原因，多数非城市户籍的外来从业人员的思维和行为方式仍按传统农村的习惯进行，往往造成与城市社会生活的不协调，无法真正融入城市生活。[①]非城市户籍居民与城市户籍居民之间在文化观念、生活方式方面存在较大的差异，文化观念、生活方式隔阂使这两个群体真正融合。因此，要开展城市适应性教育。对农民工开展关于城市生活方面的引导性教育，包括市情教育、安全常识教育、法律法规教育以及关于心理健康、优生优育等城市基本生活常识的教育，转变他们的思想观念，逐渐摒弃在小农经济影响下形成的生活方式、价值观念、行为准则与目标取向，提升他们的修养和文化素质，接受城市的价值观念与行为方式，使他们在经济、心理、生活方式以及文化素质上实现由“传统人”向“现代人”的转变，从而使他们更好地融入城市生活。

---

① 张翔.“农民工市民化”的关键在于素质教育[J].农村经济与科技，2012(8)．

第 6 章　缓解“新二元结构”问题的政策选择

“新二元结构”问题表象上是社会群体隔阂，本质上是群体性社会排斥。因此，要通过政策调整和社会引导，逐步消除社会排斥现象，化解社会群体隔阂，缓解社会矛盾，促进社会和谐。

6.1　政策改革调整的原则

本书认为“新二元结构”问题是在城乡二元结构背景下，我国快速城市化进程中出现的特殊社会现象，解决“新二元结构”问题是一个历史过程，在这个过程中，政府要发挥主导作用，通过政策调整杠杆，建立体现公平正义的权利保障机制和利益述求机制，逐步消除对非城市户籍居民的制度性排斥，同时通过加强社会引导，提高非城市户籍居民对城市的社会适应能力和对价值认同，培育城市户籍居民的社会包容精神，增强城市对多样性和多元文化的包容度，缓解“新二元结构”问题所引发的各种社会矛盾，切实推进非城市户籍居民的社会融入。

依据上述政策调整思路，本书认为当前缓解“新二元结构”问题要坚持三项原则，推进四项改革。

6.1.1　坚持三项原则

1）坚持政策调整和社会引导统一

推动非城市户籍居民的城市社会融入，既要依靠政策调整，消除对他们的制度排斥，更要重视发挥社会引导作用，通过宣传、教育提高非城市户籍居民社会认同感，提高城市户籍居民对非城市户籍居民在上海城市发展中做出贡献的认识，培育他们的社会包容精神，逐步化解和消除两大社会群体间的隔阂。

2）坚持公共资源供给与需求的动态平衡

当前，我国无论从政府财力角度还是从社会稳定角度，完全取消户籍制度的时机都还不成熟，而且完全剥离附加在户籍之上的社会福利，当前对城市而言，尤其是特大型城市确实也难以做到。如果在现有的财力下，完全实施城市户籍居民和非城市户籍居民经济社会权利均等，必然降低城市户籍居民已经获得的既得利益，在福利刚性原则驱使下，必然导致城市户籍市民的不满，引发社会矛盾。因此，要保持逐步提高非城市户籍居民福利水平和增强城市实际承载能力的有机统一，在不降低城市户籍市民福利条件前提下，逐步提高外来人口社会福利待遇，并保持和城市实际承载能力之间的动态平衡，逐步实现外来人口享有“同城待遇”。

3）坚持持续改善和重点突破的统一

当前，缓解“新二元结构”问题，政策调整选择，要从非城市户籍居民最需要解决的经济、社会权利问题入手，要通过“小幅度、持续化、结构性”政策调整，逐步提高他们的福利待遇水平。

6.1.2 推进四项改革

1）加大户籍制度改革力度

逐步剥离附加在户籍制度上的各种社会福利，尤其是要剥离附加在户籍制度上的基本公共服务待遇，逐步改革和消除经济社会权利制度安排中的户籍“门槛”，使户籍真正成为公民身份标识，回归其人口统计和管理功能。

2）改革基本公共服务供给方式

在我国经济社会发展尚不发达，城市公共服务资源有限的条件下，实现基本公共服务均等化不可能一步到位，一蹴而就。因此，要在各级政府不断加大对基本公共服务的投入的基础上，建立需求导向的基本公共服务供给体制，要依据非城市户籍居民和城市户籍居民对基本公共服务的不同需求，分层次，有重点地对不同人群提供基本公共服务，在确保不同社会群体对社会公共资源获得权利均等的前提下，逐步提高基本公共服务均等化水平。

3）改革城市社区公共服务体系

非城市户籍居民的社会融入和市民化，着力点在城市基层社区。基层社区是居民生产生活的主要场所，是社会运行的基本载体，要建立覆盖全体常住人口的社区居民公共服务体系，鼓励和支持非城市户籍居民参与社区建设，给予他们参与居住地自治组织的选举权和被选举权，增强他们的社区意识，使其主动融入城市社区。

4）完善社会引导和利益诉求机制

要通过建立社会引导机制，运用各种舆论宣传、文化传播手段，宣传非城市户籍居民在城市建设和发展中的作用和贡献，弘扬和培育城市包容精神，鼓励和支持城市户籍居民和非城市户籍居民之间交流与沟通，引导建立城市户籍居民和非城市户籍居民之间的社会网络体系，逐步消除城市户籍居民和非城市户籍居民之间隔阂。

要适应城市社会结构和利益格局的发展变化，建立科学有效的利益诉求表达机制。把非城市户籍居民的利益诉求纳入制度化、规范化、法制化的轨道，为非城市户籍居民提供顺畅的利益诉求的制度平台，切实维护非城市户籍居民经济和社会权益。

6.2 缓解“新二元结构”问题的政策措施

在政策调整的决策中，需要考虑一个重要的原则：要保持提高非城市户籍居民基本公共服务待遇水平和城市公共资源实际承载能力之间的动态平衡。为此，应当采取以下政策措施：

6.2.1 循序渐进地打破户籍壁垒

1）逐步弱化“户籍”概念，降低“融入门槛”

依据权利义务对等原则，按照非城市户籍居民对城市建设发展贡献，设置“融入门槛”。要使每一个非城市户籍居民都能够共享城市发展成果，看到城市发展给他们带来的希望。随着时间推移这种“融入门槛”设置当然应进行结构调整或程度降低，当社会条件成熟时，最终消除所有“融入门槛”。因此，目前针对非城市户籍居民社会融入的政策设计应当考虑与城市户籍制度改革发展趋势的一致性。

2）降低居住证申请条件，扩大发放范围

目前，我国大部分城市都建立了居住证制度，但是各个城市居住证申领“门槛”还比较高，许多城市将申领居住证作为引进人才的手段，这显然使大多数非城市户籍居民“望尘莫及”。因此，要使多年来在城市有稳定工作的非城市户籍居民都能够获得居住证，并且逐步提高居住证人口转户籍人口的比例，增强非城市户籍居民在城市发展的信心，以及身份认同和社会认同。

3）逐步剥离附加在户籍之上社会福利

在现有条件下，短期内完全剥离附加在城市户籍之上的社会福利显然是不现实的，但是，依据非城市户籍居民切实需求，要逐步地、有重点地剥离与城市户籍挂钩的各种社会福利和基本公共服务，同时建立社会福利和基本公共服务供给与城市常住居民社会贡献挂钩的激励机制。通过制定相关政策，引导非城市户籍居民通过社会贡献（如创业、创新、税收、社会服务等）获得高水平的社会福利和基本公共服务。

4）有效控制城市人口规模

保持提高非城市户籍居民基本公共服务待遇水平和城市公共资源实际承载能力之间的动态平衡，虽然需要综合施策，但是城市人口无序膨胀，尤其是我国特大型城市，如果不有效地控制人口规模，“新二元结构”问题将难以有效解决。特大型城市人口规模，要建立在切实维护非城市户籍居民公民权利前提下，采取合理、有效的方法，切忌简单的行政手段。

6.2.2 加快基本公共服务均等化进程

1）持续增加基本公共服务投入

基本公共服务均等化的主要瓶颈是，人口的增长超过了城市公共资源的承载力，增加基本供给服务供给总量是缓解供需矛盾的重要途径。因此，增强城市政府基本公共服务资源投入主体责任，不断深化改革和完善城市公共财政体系，建立基本公共服务投入与公共财政增幅挂钩的制度，不断增强基本公共服务投入力度。

2）积极建立公共资源多元投入机制

要在加大财政投入的基础上，建立基本公共服务社会多元投入的激励机制，鼓励各类市场组织和社会组织，以及全体市民参与基本公共服务供给，最大限度地集聚社会资源，提高社会公共服务效率，缓解基本公共服务的供需矛盾，提高基本公共服务均等化水平。

3）推进重点领域公共服务均等化

当前，在资源约束尚未缓解的前提下，可以选择非城市户籍居民需求最大，又具有实现可能性，对现有社会利益格局触动比较小的公共服务领域，率先实现基本服务供给均等化。例如，非城市户籍居民需求最大的两个方面，子女教育和医疗保险，可以从这两个领域作为改革的突破口，使这两个领域的基本公共服务供给实现完全均等化。

当前，非城市户籍居民子女已经享有了在城市接受义务教育的权利，但是，在义务教育政策实施过程中，依然存在着对非城市户籍居民子女的种种歧视，城市政府可以通过制度执行监督和引导社会，促进非城市户籍居民子女与城市户籍居民子女的融合，在推进义务教育资源配置均衡化的基础上，使城市户籍居民子女与非城市户籍居民子女享有同等的义务教育服务。其次，切实解决非城市户籍居民女义务教育结束后接受中等教育和高等教育的问题，现阶段，首先应当放开对非城市户籍居民子女，进入中等专业学校和高等职业技术教育限制，随着条件改善，逐步取消全部的教育权利限制，使非城市户籍居民子女能够获得完整的系统教育，防止城市群体分割代际传承。

当前，应加快推进医疗保险服务均等化。医疗服务是非城市户籍居民在城市生活中最为迫切、最希望获得基本公共服务，非城市户籍外来务工人员中青年居多，养老保险对他们而言还不是最为迫切的需求项目，而许多非城市户籍居民家庭往往应为没有医疗保险，一场病就使全家处于生活处于艰难境地。虽然，我国许多城市已经建立针对非城市户籍居民的医疗保险制度，但是他们享受的医疗保险待遇水平要比城镇职工的待遇水平低得多。所以，要结合城镇社会保险制度改革，建立基础平台之上的多层次保险体系，使城市户籍居民和非城市户籍居民在一个制度框架下，通过逐步递增方式，提高非城市户籍居民医疗保险待遇水平。同时要将城市大批灵活就业的非城市户籍居民纳入医疗保险体系，使他们获得基本医疗保险服务。

4）建立覆盖非城市户籍居民的社会救助制度

建立非城市户籍居民专项困难救助体系。非城市户籍居民比城市户籍居民的抗风险能力要弱得多，尤其是非城市户籍居民由于先天不足的因素，他们在脱离了农村土地和传统血缘关系后，缺乏抗社会风险能力。因此，要将非城市户籍居民困难救助纳入城市救助体系。要形成政府、企事业单位、社区、社会组织、市民，包括非城市户籍居民共同参与的社会济贫助困体系。

确保非城市户籍居民社会救助“广覆盖、不遗漏”。根据非城市户籍居民不同的致贫原因和支出需求，分类救助，特别是对非城市户籍居民因大重病、突发事件等原因造成实际生活水平处于绝对贫困状态的困难群体，城市政府要给予及时的帮困救助。

将非城市户籍居民纳入公共租赁房制度。住房是非城市户籍居民关注度较高的基本公共服务项目。要在不断扩大公共租赁房的供给前提下，将非城市户籍居民纳入公共租赁房供给覆盖人群，住房困难的城市户籍居民和非城市户籍居民应当同等享有公共租赁房权利。由于非城市户籍外来从业人员多数居住在城乡结合部、工业园区，经济开发区，政府可以在非城市户籍居民相对集中区域建设公共租赁房，为非城市户籍居民提供切实的关怀，他们感受到他们的权利得到真正维护。

6.2.3　建立非城市户籍居民的利益表达机制

1）提高非城市户籍居民组织参与和组织化程度

外来务工人员也是城市建设主体之一，应该让他们表达追求幸福生活、维护合法权益的意愿，拓展参与城市建设的多种渠道，增强整个社会发展的内在动力。要积极有效地将非城市户籍居民纳入其居住的社区和所在地区的工会组织中，提高他们在城市的组织参与和组织化程度。这既能提供外来务工人员与城市主流社会交流互动的机会，加速城市社会的整合以及外来务工人员城市意识的发育，又能把许多外来务工人员从原始的地缘组织与血缘组织转移到正式的社会组织中来，使他们得到合法主张、保护自己利益的渠道。

2）引导非城市户籍居民理性表达诉求

将外来务工人员纳入市民民意表达渠道之中。要进一步构筑社会稳定网络，畅通民意表达、利益诉求渠道。通过制度性安排，广泛听取外来从业人员的民意、把握社情、了解需求。发挥工青妇等群团组织作用，强化各级工会代表职工利益、依法维护外来务工人员的合法权益，引导他们依法理性表达诉求。

6.2.4　建立非城市户籍居民社会支持网络

1）帮助非城市户籍居民建构社会支持网络

在帮助非城市户籍居民顺利融入城市的诸因素中，正式制度，即国家在政治、经济、社会和文化等领域开展的理性化制度建设，包括制度体制、法律法规、政策等固然发挥着重要的作用，而非正式制度，主要指非城市户籍居民的社会支持网络同样具有不可替代的重要作用。所以在促进非城市户籍居民融入城市的过程中，除了要不断健全完善正式制度建设之外，还要特别重视建构相应的社会支持网络。

2）将非城市户籍居民纳入城市管理服务体系

鼓励外来务工人员参加公共活动，开展人际互动，推动外来务工人员的社会关系网络由内聚式团体网络向开放式团体网络的转变，帮助外来务工人员建构起更广泛的社会支持网络，进而实现在城市中更好地生存和发展，增强对城市生活的适应能力，最终融入城市生活。

3）加大非城市户籍居民社会融入宣传力度

非城市户籍居民社会融入需要有良好的社会氛围，要通过各种舆论媒体宣传非城市户籍居民城市融入的典型事例，城市社会融入宣传要做到具体化、形象化，长期坚持，以形成广泛的舆论氛围，大力宣传非城市户籍居民对城市发展所作出的贡献，教育全体市民树立强烈的同城意识和社会责任感。

动员城市户籍居民帮助非城市户籍居民的社会融入。要采取切实有效措施，广泛开展多种形式的为非城市户籍居民提供更多的公共服务活动，通过城市户籍居民与非城市户籍居民互动，大力推进城市社会建设，使外来非城市户籍居民获得城市市民的身份意识和责任意识，让非城市户籍居民自觉养成遵守城市秩序，维护城市运行的良好习惯。

6.2.5 推动非城市户籍居民社区融入

1）鼓励非城市户籍居民与城市户籍居民社区交往

社区是市民群众生产生活的重要场所，是社会运行的基本载体，要鼓励外来务工人员要积极参加社区举办的各种活动，增加与市民之间的互动。在非城市户籍居民集中的区域，积极搭建沟通和交流的平台，使非城市户籍居民及其子女有机会参加更多的社交活动，拓宽人际交往的范围，深入开展非城市户籍居民聚居区域的社区文化建设，使他们摆脱被隔离的状态。外来务工人员通过参与城市社区活动，增加与市民的交流、沟通，可以加深对城市的生活方式、文化心理、价值观念、行为习惯等的了解，更好地完成市民化转变。

2）将非城市户籍居民纳入社区管理

要帮助外来务工人员通过与上海市民建立联系获得新的信息，发现新的资源，找到新的机会，积累更多的社会资本，获取更多向上流动的机会。鼓励吸纳非城市户籍居民参与所在社区管理。在城乡结合部，外来务工人员集聚地区，政府不仅要关心这些“市民”的生存环境，更要发挥他们参与社会管理的主体作用。

3）给予非城市户籍居民集聚区更多政策支持

社会政策应该体现分类指导原则，要给予非城市户籍居民集聚区更大的政策和财政支持。城乡结合部和中心城区由于区域产业结构不同，发展功能定位不同，人口结构和社会需求与中心城区有很大差异，非城市户籍居民更多地集聚在城乡结合部。中心城区功能改变、交通的便捷和房价飙升，大量市民人口迁入郊区，尤其是大型安置社区建设，郊区社会呈现“双重二元结构”，致使公共资源严重短缺，使城乡结合部政府面临困难。因此，社会政策制定和实施应有不同选择方案，城市政府在制定社会政策时应该对城乡结合部和特殊重点区域体现分类指导原则，给予更大的政策和财政支持。

6.2.6 加强非城市户籍居民的职业技能培训

1）加强对进城农民工的引导和教育

增强农民工在城市的生存发展能力，加快他们融入城市社会的进程。要有计划地组织以基本生活常识、城市规章制度、法律常识等为主要内容的引导和教育，有效提高农民工的城市适应性和现代人意识。

2）引导和鼓励农民工自主参加各种教育和培训

鼓励用人单位、各类教育培训机构和社会力量开展农民工思想道德教育、文化素质教育和职业技能培训。通过提高农民工素质，提升其社会经济地位，增强对城市社会的适应能力。

3）要发挥上海各级职业技能教育资源，为农民工进行技能培训

市区两级政府要给予一定的财政补贴，使农民工能够免费获得培训。要进一步完善职业资格证书制度，要在广泛培训的基础上，为农民工发放技能证书，使获得技能证书的农民工得到更高的收入。

4）加强对新一代非城市户籍居民的教育引导

新一代非城市户籍居民是城市发展不可或缺的重要力量，从长远看他们融入城市是必然趋势。要为新一代非城市户籍居民提供各类娱乐场所和文娱设施，为他们

搭建社会沟通和交流的平台，使他们有机会参加更多的社交活动，拓宽人际交往的范围，尤其是要深入开展非城市户籍居民聚居区域的社区文化建设，使他们切实感受到政府和市民对他们的关爱，避免他们形成被社会抛弃和排斥的意识。

加强对新一代非城市户籍居民就业培训和服务，提升他们的市场就业能力，要加大对新一代非城市户籍居民就业扶助和职业培训的补贴力度，为新一代非城市户籍居民提供职业技能教育、就业促进等帮助。

结束语

“新二元结构”问题是我国城市化进程中的一个重要的现实问题，也是一个复杂的理论问题。本书在分析了“新二元结构”基本内涵、本质特征基础上，从制度因素和社会因素两个维度，深度剖析了“新二元结构”问题产生的社会机理，进而以北京、上海和广州三个特大型城市为典型案例，比较分析了三个城市“新二元结构”问题诸多表现形式。本书还通过对上海的实证调研，运用问卷调查和典型案例分析方法，对特大型城市的“新二元结构”问题进行了系统梳理。在上述分析基础上，本书提出了解决“新二元结构”问题的基本思路和实践路径，并且提出了现阶段缓解“新二元结构”的政策调整和社会引导对策方案。

本书对解决“新二元结构”问题提出了以下观点：

(1)我国城市化进程中，“新二元结构”问题，本质上是群体性社会排斥，这种现象是我国城乡二元结构导致的城乡社会排斥的延续和特殊表现，户籍制度并不是“新二元结构”问题产生的根源，而只是这一社会现象的“表征”。所以，简单的户籍改革并不能有效地解决“新二元结构”问题。

(2)我国城乡经济社会发展水平的差异，城市基本公共服务资源的约束，是“新二元结构”问题产生的深刻根源，而消除城乡差距和城市公共资源供需矛盾需要一个长期的历史过程。因此，“新二元结构”问题将长期存在，缓解“新二元结构”问题所引导的各种社会矛盾，是城市政府政策调整的着力点。

(3)我国城市户籍人口和非户籍常住人口基本公共服务供给类型和水平的历史性差异，以及由此引发的“新二元结构”问题，决定了城市推进基本公共服务均等化的关键是，消除不同社会群体之间基本公共服务的非均等化。

(4)城市基本公共服务供给对象是城市常住人口。不断膨胀的非户籍常住人口，消除户籍人口与非户籍常住人口之间基本公共服务制度供给差异所需的巨大资源，以及与城市基本公共服务资源供给能力相对不足的矛盾，都制约着城市基本公共服务均等化进程。

(5)城市基本公共服务均等化是一个过程,其实现路径是,基于政府基本公共服务供给覆盖全体常住人口的基本政策取向,通过人口政策、财政政策、市场机制和转变政府职能等综合改革方案,在有效控制常住人口规模、建立需求导向的公共资源供给机制,提高供给效率、不断增加供给能力的前提下,保持常住人口规模与基本公共服务资源供给能力之间的动态平衡。

(6)现阶段,缓解"新二元结构"问题,解决政府政策供给和制度安排的现实路径是,在保持常住人口规模与基本公共服务供给能力动态平衡的基础上,建立以需求为导向的基本公共服务供给机制,把握基本公共服务供给与需求匹配度,以渐近式推进为基调,逐步提高基本公共服务均等化水平。

当前,我国正在加快推进新型城镇化建设,解决"新二元结构"问题的制度环境和社会环境不断得到改善。在新的历史条件下,"新二元结构"问题研究将逐步引向深入。笔者将结合我国新型城镇化历史要求,结合人的城镇化理念,继续深入研究"新二元结构"问题。

参考文献

一、中文类

[1] [美]刘易斯.劳动无限供给条件下的经济发展[J].曼彻特学报,1954(5).

[2] 费景汉,古斯塔夫·拉尼斯.经济发展的一种理论[J].美国经济评论,1961(9).

[3] 周敏,林闽钢.族裔资本与美国华人移民社区的转型[J].社会学研究,2004(3).

[4] 高帆.分工差异与二元经济结构的形成[J].数量经济技术经济研究,2007(7).

[5] 李实,罗楚亮.中国城乡居民收入差距的重新估计[J].北京大学学报,2007(3).

[6] 刘纯彬.走出二元——根本改变我国不合理城乡关系的唯一途径[J].农业经济问题,1988(4).

[7] 刘纯彬.二元社会结构与城市化[J].社会,1990(3).

[8] 林南.社会指标与生活质量的结构模型探讨——关于上海城市居民生活的一项研究[J].中国社会科学,1989(4).

[9] 李春玲.社会结构变迁中的城镇社会流动[J].社会学研究,1997(5).

[10] 王毅杰,童星.流动农民社会支持网探析[J].社会学研究,2004(2).

[11] 郭星华,储卉娟.从乡村到都市:融入与隔离——关于民工与城市居民社会距离的实证研究[J].江海学刊,2004(3).

[12] 刘传江,周玲.社会资本与农民工的城市融合[J].人口研究,2004(5).

[13] 孙立平.资源重新积聚——90年代中国社会分层基本背景[J].观点,2002(3).

[14] 任远,邬民乐.城市流动人口的社会融合:文献述评[J].人口研究,2006(3).

[15] 曾旭晖.非正式劳动力市场人力资本研究——以成都市进城农民工为个案[J].中国农村经济,2004(3).

[16] 李强.社会分层与贫富差别[M].厦门:鹭江出版社,2000.

[17] 顾海英.现阶段“新二元结构”问题缓解的制省略与政策——基于上海外来农民工的调研[J].管理世界,2011(11).

[18] 梁德阔.上海破解“新二元结构”难题研究[J].华东经济管理,2012(12).

[19] 郭立场,陈吉.新生代农民工城市融入的困境与对策[J].农业现代化研究,2012(12).

[20] 韩晓燕."新二元结构"破解对策的经验研究——以上海市闵行区为例[J].中国社会科学院研究生院学报,2015(3).

[21] 孙红玲,唐未兵,沈裕谋.论人的城镇化与人均公共服务均等化[J].中国工业经济,2014(5).

[22] 王双群.宏观经济决策引导与人的城镇化[J].求索,2014(12).

[23] 耿明斋.对新型城镇化引领"三化"协调发展的几点认识[J].河南工业大学学报,2011(12).

[24] 中国财政学会"公共服务均等化问题研究"课题组.公共服务均等化问题研究[J].经济研究参考,2007(58).

[25] 安体富.公共服务均等化:理论、问题与对策[J].财贸经济,2007(8).

[26] 贾康.公共服务的均等化:应积极推进,但不能急于求成[J].审计与理财,2007(8).

[27] 樊丽明,石绍宾.当前中国农村公共品政府供给机制的运行及完善[J].税务研究,2008(12).

[28] 马国贤.基本公共服务均等化的公共财政政策研究[J].财政研究,2007(10).

[29] 李华.城乡公共品供给均等化与转移支付制度的完善[J].财政研究,2005(11).

[30] 刘尚希.基本公共服务均等化的目标是促进居民消费平等化[J].中国财政,2007(7).

[31] 常修泽.中国现阶段基本公共服务均等化研究[J].中共天津市委党校学报,2007(2).

[32] 樊丽明,石绍宾.区域内城乡基本公共服务均等化进程及实现机制分析——基于山东省3市6区县调查的经济学思考[J].财政研究,2009(4).

[33] 王国华,温来成.基本公共服务标准化政府统筹城乡发展的一种可行性选择[J].中国城市经济,2008(3).

[34] 陈昌盛.基本公共服务均等化:中国行动路线图[J].财会研究,2008(2).

[35] 武力.1978—2000年中国城市化进程研究.[J].中国经济史研究,2002(4).

[36] 孟庆洁.上海市外来流动人口的生活方式研究[M].上海:上海社会科学院出版社,2009.

[37] 王桂新.上海外来人口生存状态与社会融合研究[J].市场与人口分析,2006,12,(5).

[38] 孙立平.利益关系形成与社会结构变迁[J].社会,2008(3).

[39] 张世青,刘雪.农民工的权利诉求及社会政策回应[J].学习与实践,2011(12).

[40] 张世伟.农民工和城镇工劳动报酬差异的变动[J].统计与信息论坛,2014(7).

[41] 李敏,李佳航,杨云汉.新生代农民工家庭收入与消费结构研究[J].农银学刊,2015(3).

[42] 张平.市场经济的发展与我国户籍制度的改革[J].人口与经济,2000(6).

[43] 王文录.人口城镇化背景下的户籍制度变迁研究[D].吉林大学博士论文,2010.

[44] 丁水木.现行户籍制度的功能及其改革走向[J].社会学研究,2002(6).

[45] 冯清华,胡术鄂.我国户籍管理制度存在的问题及其改革[J].社会科学家,2006(10).

[46] 张平.市场经济的发展与我国户籍制度的改革[J].人口与经济,2000(6).

[47] 张雷.当代户籍制度改革[M].北京:中国人民公安大学出版社,2009.

[48] 方潮贵.统筹城乡就业——广东的探索与实践[M].北京:中国劳动与社会保障出版社,2006.

[49] 丁宪浩.推进农民工的社会融入[J].开放导报,2006(10).

[50] T.H.马歇尔.公民身份与社会阶级[M].郭忠华,刘训练,译.南京:江苏人民出版社,2006.

[51] 彭华民.社会排斥与社会融合——一个欧盟社会政策的分析路径[J].南开学报(哲学社会科学版),2005(1).

[52] 窦宝国,李瑞祥.制度排斥视角下农民工城市融入问题研究[J].唐山师范学院学报,2009(3).

[53] 胡杰成.社会排斥与农民工的城市融入问题[J].兰州学刊,2007(7).

[54] 袁亚愚.对近年来歧视进城务工农民现象的思考[J].社会科学研究,1997(6).

[55] 李培林.流动民工的社会网络和社会地位[J].社会学研究,1996(4).

[56] 孙立平.断裂——20世纪90年代以来的中国社会[M].北京:社会科学文献出版社,2003.

[57] 关信平.论权利公平基础上的非户籍人口服务与管理[J].西北师大学报(社会科学版),2015(3).

[58] 张华初.人力资本和劳动力市场结构对流动人口工资的影响——以广州市为例[J].城市问题,2013(11).

[59] 刘建娥.从欧盟社会融入政策视角看我国农民工的城市融入问题[J].城市可持续发展,2010(11).

[60] 梁波,王海英.国外移民社会融入研究综述[J].甘肃行政学院学报,2010(2).

[61] 马丁.论法国城市化进程中的移民管理经验及其对我国的启示[J].杭州师范大学学报,2011(3).

[62] 刘力达.2005年法国骚乱后的法国移民政策研究[J].法国研究,2012(2).

[63] 翟凌晨.移民对法国社会保障制度的影响[J].福建论坛(社科教育版),2007(4).

[64] 张翔."农民工市民化"的关键在于素质教育[J].农村经济与科技,2012(8).

[65] 胡平,杨羽宇.农民工市民化:制约因素与政策建议[J].四川师范大学学报(社会科学版),2014(5).

[66] 张强.基本公共服务均等化:制度保障与绩效评价[J].北师大学报(社会科学版),2009(2).

[67] 刘琼莲.论基本公共服务均等化的制度建构[J].学海,2009(2).

[68] 任宗哲,卜晓军.中国公共服务城乡均等化供给[M].北京:社会科学文献出版社,2013.

[69] 张庆.农民工就业问题调查研究[J].经济纵横,2013(6).

[70] 潘家华,魏后凯.城市蓝皮书——中国城市发展报告:No.6 农业转移人口的市民化[M].北京:社会科学文献出版社,2013.

[71] 孔媛.城市"新二元结构"从分割到融合的新政治经济学分析[D].复旦大学博士论文,2011.

[72] 谢雅茜惠.城市内部新型二元结构与城乡二元结构关系论析——以成都市为例[J].商业时代,2014(19).

[73] 吴瑶.城乡二元结构与城市二元结构的比较研究[J].经济金融,2014(6).

[74] 张英洪.城乡一体化的根本:破除双重二元结构[J].调查,2010.

[75] 李冰.二元经济结构理论与中国城乡一体化发展研究[D].西北大学博士论文,2010.

[76] 邓城.工业化后期的新二元结构理论研究[D].河北大学硕士论文,2013(6).

[77] 陆学艺,杨桂宏.破除城乡二元结构体制是解决"三农"问题的根本途径[J].中国农业大学学报,2013(9).

[78] 李宾,张象枢.我国城乡二元结构的成因及化解对策研究[J].生态经济,2012(9).

[79] 国务院发展研究中心,中国农村劳动力资源开发研究会联合课题组.我国走出城乡二元结构战略研究(上)——建设中农民工及城镇化有关问题研究[J].经济研究参考,2006(69).

[80] 王颂吉.中国城乡双重二元结构研究[D].西北大学博士论文,2014.

[81] 陆锦周.中国二元经济结构与城乡统筹发展研究[D].华中科技大学博士论文,2012.

[82] 熊易寒."半城市化"对中国乡村民主的挑战[J].华中师范大学学报,2012(1).

[83] 朱冬梅,刘桂琼."新二元结构"下城镇贫困人口的特征、成因及对策研究[J].西北人口,2014(4).

[84] 程业炳.城市二元结构背景下城市居民与农民工收入差异探究[J].安徽科技学院学报,2015(29).

[85] 王桂新.城市农民工与本地居民社会距离影响因素分析——以上海为例[J].社会学研究,2011(2).

[86] 初宝云.从"超级村庄"和"城中村"看农村内部的新"二元结构"[J].山东省农业管理干部学院学报,2007,23,(3).

[87] 岳澎,黄解宇.从"二元结构"到"三元结构"——中国"农民工"的户籍演变路径及其解决方案[J].农业现代化研究,2008,28,(2).

[88] 蒋永穆,张晓磊.大城市新二元社会结构的形成和破解[J].党政研究,2015(2).

[89] 陶济.二元结构理论的由来和发展[J].资料通讯,2001(12).

[90] 汪本学,毛慧青,高国栋,张海天.缓解"新二元结构"问题的制度与政策——基于杭州、宁波、温州、台州四城市外来农民工的调查[J].农村经济,2013(3).

[91] 陈群民,吴也白,徐建,李显波,陈方,钱洁.进一步完善来沪人员服务和管理,推进城乡统筹发展——上海解决"新二元结构"的途径、前景及举措[J].科学发展,2012(2).

[92] 方小愈.论农民工市民化进程中的核心社会权利要素[J].特区经济,2010(4).

[93] 孟慧新.农民工的权利观、剥夺感与社会参考框架[J].学海,2013(3).

[94] 张健明,等.上海“新二元结构”问题的成因和缓解思路[J].科学发展,2011(11).

[95] 刘社建.上海新二元结构问题的演变、成因与对策[J].毛泽东邓小平理论研究,2010(11).

[96] 王刚.社会排斥与农民工社会权利的缺失[J].华东理工大学学报,2006(1).

[97] 乔耀章.我国城乡二元结构的生成、固化与缓解——以城市、乡村、市场与政府互动为视角[J].上海行政学院学报,2014,15(4).

[98] 王阳.我国人口结构变化对经济社会发展的影响研究综述[J].西北人口,2012(5).

[99] 高帆.以持续改革来纾缓新二元结构[N].21 世纪经济报道,2010.

[100] 刘新.中国城乡二元经济社会结构形成原因探析[J].农业经济,2009(5).

[101] 佟星格,王丽丽.农民工市民化意愿及其影响因素的实证研究——以大连市为例[J].调研世界,2015(2).

[102] 李练军.中小城镇新生代农民工市民化意愿影响因素研究——基于江西省 1056 位农民工的调查[J].调研世界,2015(3).

[103] 钟兵.新型城镇化进程中新生代农民工市民化社会资本问题探析[J].中国劳动,2015(16).

[104] 石忆邵,王樱晓.基于意愿的上海市农民工市民化成本与收益分析[J].同济大学学报(社会科学版),2015(4).

[105] 徐济益,许诺.迁移网络对新生代农民工市民化选择的驱动效应分析[J].经济体制改革,2015(4).

[106] 朱丽颖.新型城镇化建设中农民工市民化的教育转化路径探析[J].理论月刊,2015(2).

[107] 李俭国,张鹏.新常态下新生代农民工市民化社会成本测算[J].财经科学,2015(5).

[108] 黎红,杨黎源.农民工在市民化进程中的语言同化问题探析——基于浙江宁波的实证考察[J].探索,2015(3).

[109] 解安,朱慧勇.农民工市民化:自主选择与社会秩序统一[J].中国社会科学院研究生院学报,2015(3).

[110] 叶玲.新生代农民工市民化社会资本构成研究——来自湖南调研的发现[J].人口与发展,2015(2).

[111] 叶玲.新生代农民工市民化社会资本需求及作用研究——以湖南省为例[J].中国劳动,2015(10).

[112] 吴祖泉,王德,朱玮.就业视角的农民工市民化过程考察——基于上海的个案研究[J].城市发展研究,2015(6).

[113] 盘意文.城镇化进程中农民工市民化问题的困顿论略[J].思想战线,2015(S1).

[114] 韦吉飞,张学敏,杜彬恒.公共品供给、职业特征与农民工市民化的城市偏好[J].上海财经

大学学报，2015(4).

[115] 罗红.新型城镇化背景下农民工市民化实现机制研究[J].农村经济，2015(7).

[116] 张汉飞.托达罗悖论的反思与农民工市民化[J].中国党政干部论坛，2015(7).

[117] 何晶.互联网与新生代农民工市民化——基于广州市的个案分析[J].广东社会科学，2014(5).

[118] 丁萧.农民工市民化住房供给成本研究——以广东省佛山市为例[J].调研世界，2014(11).

[119] 张洪霞，崔宁.市民化视阈下新生代农民工就业质量问题研究——基于全国3 402个样本数据的调查[J].调研世界，2014(11).

[120] 辜胜阻，李睿，曹誉波.中国农民工市民化的二维路径选择——以户籍改革为视角[J].中国人口科学，2014(5).

[121] 李仕波，陈开江.农民工市民化困境的破解路径[J].经济研究参考，2014(48).

[122] 赵立.新生代农民工的市民化心理适应——对浙江省904个样本的调查与分析[J].管理世界，2014(11).

[123] 陈穗杰.广州完善政策推动来穗人员有序融入[OL].广东政法网，2014(5).

[124] 张启元.推进以人为核心的新型城镇化[J].淮海文汇，2014(12).

[125] 张燕.特大型城市基本医疗保险均等化研究[D].上海工程技术大学，2013.

[126] 国家新型城镇化规划[N].人民日报，2014－03－17.

[127] 韩震.公正是社会主义核心价值追求[J].中国特色社会主义研究，2014(12).

[128] 方琦.中央进一步细化城镇化时间表[J].经济导刊，2013(12).

[129] 倪丹容.中国二元经济的历史逻辑和结构刚性[J].经济问题探索，2004(3).

[130] 嘎日达，黄匡时.西方社会融合概念探析及其启发[J].国外社会科学，2009(3).

[131] 刘社建.上海新二元结构问题的演变、成因与对策[J].毛泽东邓小平理论研究，2010(11).

[132] 汪本学，毛慧青，高国栋，张海天.缓解“新二元结构”问题的制度与政策研究——基于杭州、宁波、温州、台州四城市外来农民工的调查[J].农村经济，2013(3).

[133] 陈晓铭，徐清清.公共治理模式法律渗透的社会结构分析[J].成都行政学院学报 2014(12).

[134] 王阳.我国人口结构变化对经济社会发展的影响研究综述[J].西北人口，2012(9).

[135] 梁波，王海英.国外移民社会融入研究综述[J].甘肃行政学院学报，2010(4).

[136] 邓丽娟.德国外籍人融入问题及解决模式[J].探求，2014(5).

[137] 马丁.论法国城市化进程中的移民管理经验及其对我国的启示[J].杭州师范大学学报(社会科学版)，2011(3).

[138] 王颖.大力弘扬和践行包容的价值取向[J].新长征.2012(7).

[139] 甫捷.培育理性包容的社会心态[N].大连日报，2012.

[140] 巩敏焕，赵丽，刘国玲.浅析我国城乡基本公共服务均等化[J].知识经济，2012(10).

二、英文文献

[1] D. W. Jorgenson. Surplus Agricultural and the Development of Dualism [J]. Oxford EconomicsPapers，1967(19)：288－312.

[2] Harris J.R. Todaro M.P.. Migration，Unemployment and Development：A Two－sector Analysis[J]. The American Economic Review，60(1)：126－142.

[3] Levitas R. The Inclusive Society[J].Macmillan，2005(7).

[4] Alcock P. Understanding Poverty[J]. Basingstoke：Palgrave Macmillan，2006.

[5] M. J. Piore. "The Dual Labor Market：Theoryand Implications" in David B. Grusky，ed.，SocialStratification：Class，Race，and Gender in SociologicalPerspective，pp. 435－438.

[6] Cǎtǎlin Jan Iov. Social Integration [J]. Encyclopedia of Immigrant Health，2015(3).

[7] Crista N. Crittenden，Sheldon Cohen. Social Integration [J]. Encyclopedia of Quality of Life and Well－Being Research.

后　记

本书是在教育部人文社会科学基金项目“我国城市化进程中新二元结构问题研究”报告基础上完成的。在进行这一研究过程中，笔者还承担了相近主题的研究项目，2010年度上海市决策咨询重点课题“现阶段缓解上海新二元结构问题研究”。这一项目的研究内容及成果也被纳入本书中。

我国城市化进程中“新二元结构”问题研究既是一个十分重要的实践课题，也是一个复杂的理论课题。鉴于本人的学识能力有限、时间精力有限，只能对这一问题作初步研究，提出的许多观点尚不成熟，希望读者给予批评指正。同时，本项目研究及本书撰写过程中，参阅了大量文献资料，引用了同行诸多的研究成果，参阅的文献资源为我完成研究工作奠定了基础，对此，我表示诚挚谢意！

感谢我的同事李卓繁、任恒娜、毕可影等老师，他们在本课题研究的实证调研以及书稿撰写资料收集、文献翻译等方面，给予我很大帮助，正是在他们的鼎力相助下，我才得以顺利完成课题研究并写成书稿。

张健明

2015年9月